開成→東大文I→弁護士が教える超独学術

結局、ひとりで勉強する人が合格する

鬼頭政人

GENTOSHA

はじめに

世の中には、難関と言われる試験をたやすく突破する人もいれば、何年頑張っても成果の出ない人もいます。

この差はどこから出てくるのでしょうか、合格する人は、生まれつき優秀だったから?

もし、そう思っているとしたら間違いです。合格する人と合格できない人の違いは、勉強法の王道を知っているかどうか、ただそれだけです。

私自身、**開成中学、東京大学、司法試験という一般的には難関と言われる試験**を通過してきました。私が合格できたのも、王道を十分に活用できたからです。

また、私は現在、資格試験対策のサイトや塾を運営していますが、数多くの生徒のデータを蓄積・分析した結果、王道と言える勉強法は脳科学的にも正しいことが裏付けられています。

この方法は、誰にでも使いこなすことができます。数学の方程式のように、決められた手順に沿って進めれば、最短ルートで合格を手にすることができるのです。それは、大学受験だけでなく、資格試験あるいはＭＢＡの取得など、さまざまな試験に活用できます。

試験ではなくても、**ゴールが決まっているものであれば、何にでも応用できる**と言っていいでしょう。

私たちは社会人になっても、勉強と縁を切ることはできません。日々、勉強の連続です。

その勉強を効率よく進めることができたら、あなたはどんな目標でもクリアすることができるでしょう。

本書ではその方法について詳しく解説していきますが、勉強とは基本は自学自習です。いかに効率よく、継続的に自学自習を進めるか。これが「独学力」なのです。当たり前のことのように思えますが、実践できる人は、ほとんどいません。

資格を取得するために、**予備校に通う人がいます**が、実は、通うだけではほとんど意味がありません。その理由も説明します。

あなたが本書の内容を実践して「合格できる人」の仲間入りをしていただければ、著者としてそれにまさる喜びはありません。

鬼頭政人

結局、ひとりで勉強する人が合格する ■ 目次

第1章 勉強の本質は自学自習にあり

第2章
100点とる人は合格できない!?

第3章 徹底活用学習術
教科書と参考書

第4章
予備校には非効率・ムダが多すぎる

第5章

やる気が長続きするアウトプット勉強法

第6章
自学自習を気持ちよく続けるための七箇条

装幀／小松学（ZUGA）
編集協力／向山勇（ナフル）
図版・DTP／美創

第1章

勉強の本質は自学自習にあり

■時間のない受験生に「ヤマ張り」戦法のすすめ

私は中学生のころから「いかに効率よく勉強するか」ということを考えてきました。そうなった最大のきっかけは、開成中学校への入学です。同級生は信じられないほど頭のよい人ばかりでした。その中で比較すると、私は決して優秀なほうではありません。彼らに勝つためにはどうしたらいいのかを考えざるを得ませんでした。

自分は呑み込みが遅いので、彼らと同じ方法で同じ時間勉強してもとても勝てる気がしなかったのです。とすれば、彼らよりも効率よく勉強をするしかありません。普通なら「彼らの2倍勉強して勝とう」と考えるのかもしれませんが、私にはそんな発想はありませんでした。遊びも好きだったので、**できるだけ短い勉強時間で及第点をとるにはどうしたらいいか**を真剣に考えました。そして、同じ時間の勉強でも2倍の効率なら勝てると気づいたのです。私が生き抜くために見つけた方法とも言えます。

結果、編み出したのが「ヤマを張る」技術でした。この技術一本で定期テストはもとより、大学受験や司法試験もクリアすることができたのです。

一般的に「ヤマを張る」というのは、一か八かの賭けをして一発当てにいく、という「邪道」なイメージがありますが、こと試験における「ヤマ張り」は、時間の有効活用のために行われるもので、勉強の「王道」である、と思っています。

「ヤマ張り」の詳細についてご興味のある方は拙著『頭のよさとは「ヤマを張る技術」のことである』（KADOKAWA／中経出版）をご覧いただくとして、まず押さえていただきたいのが「ヤマ張り」の本質。

これは、「出題者の立場になって考える」ということに尽きます。過去問というゴールから出題者の心を読み解き、逆算することで、必要な勉強、不要な勉強があらわになります。

あらゆる試験は、何かのスタート地点に立つために受けるもの。通過しても勉強は続きます。安心してはダメです。

とすれば、**試験なんぞサッサと通過して早くスタート地点に立つことが重要**です。

私が資格試験対策のビジネスを起業したのも、受験生の方に少しでも早く試験に通過してもらい、スタート地点に立ってほしいからです。

特に、社会人の方にはこの方法が役立ちます。

社会人になり、ようやく勉強から解放されたのもつかの間、20代も30代も、40代になっても勉強は続きます。合否がはっきりする資格や英語の試験はもとより、**社内の昇進試験や実務能力を鍛錬するための勉強**など、さまざまな勉強が必要になります。

社会人と学生の勉強は、ある点で決定的に異なります。そう、それは勉強に使うことのできる「時間」です。そしてこういうときこそ、従来の王道「コツコツ」戦法ではなく、「ヤマ張り」戦法が役に立つのです。

■やるべきでないことをいかに見分けるか

私自身も社会人1年目に、学生時代とのギャップに驚きました。弁護士事務所で新米ひよこ弁護士としてピヨピヨと働き始めたころのことです。仕事を進める中で、会計の知識が必要となる場面が多々あり、そのたびに自分の理解不足を痛感しました。

そこで、**仕事に活かせる会計知識を身に付けるべく、簿記1級を目指す**ことにしたのです。

しかし、ふたを開けてみると、これが難しい。簿記1級は、2級よりも断然難易度が上がり、出題範囲は多岐にわたります。

一方で、弁護士1年目などピヨピヨ言っているだけですから、仕事に時間はかかるわ、書面のクオリティは低いわで、本業のほうも毎日夜遅くまで真剣に取り組まなければならない状況でした。当然、存分に勉強する時間など確保できません。

迫りくる仕事のプレッシャーと圧倒的に足りない時間。そうした状況で私は、ひたすら過去問を解いて薄い教科書を繰り返し読むということだけを行いました。また、過去問のサイクルから見て、今回、出題されないであろう分野にはほとんど時間をかけず、退職給付やデリバティブ会計など、当時のアツい分野の勉強にヤマを張り、時間を使いました。

移動時間、お風呂、ランチなどのスキマ時間を活用してインプット、夜はファミレスで電卓と本を広げてアウトプット。ひよこは目の下にクマを作りながら数カ月勉強を続け、本番の試験に臨みました。

結果はどうだったか?

簿記1級は100点満点中70点以上で合格ですが、結果は71点。まさにすべり込みセーフ。時間がない中での薄氷の勝利と言えます。できすぎた話だと思うかもしれませんが、私は**合格点ぎりぎりを狙って勉強していました**ので、ある意味、想定どおりの結果です。

私に限らず、社会人の方の状況は似たりよったりでしょう。仕事、接待、家族に使う時間を除けば、**勉強に使える時間などごくわずか**です。やはり、ヤマ張り勉強法は必須です。

「ヤマを張る」勉強では、「出題者の立場になって考える」のが重要と述べましたが、それができれば、試験勉強の8割を捨てることができます。往々にして、勉強ではやるべきことが強調されがちですが、より重要なのは、「やるべきでないことを見分けること」です。

本書では私が培ってきた「ヤマを張る」勉強法をベースにして、あなたが独学で最大の成果を出す方法をお伝えしていきます。

司法試験の勉強時間の9割は自習時間

勉強で成果を出すためには一定の時間が必要だと言われています。たとえば司法試験。合格するには5000時間から8000時間、ときには1万時間必要だと言われています。しかし、さまざまな予備校が提供している司法試験向けの講座の時間数は、長いところでも1000時間程度、短いところになると400時間程度しかありません。

では、どうするか。約9割の勉強時間は自学自習することになるのだから、結局、効率よく試験に合格するためには、**自学自習の時間をいかに短くできるかにかかっているる**わけです。

私が経営する資格試験のオンライン学習サイト「資格スクエア」でも、当初は時間数の少ない講座を〝売り〟にしていました。しかし、それは本質ではなかったのです。

講座の1000時間を半分にしたところで500時間の短縮にしかなりません。そう思いませんか。

ならば、自学自習の時間を短縮したほうがよほど効率的です。仮に9000時間を半分にできれば、4500時間の短縮になるのです。目標を達成するため＝スタート地点に立つための近道になります。

考えてみれば、その方法は私がこれまでに受験や資格試験で実践してきたことでした。私はこれまでに中学受験、大学受験、ロースクールと司法試験を受けてきましたが、塾に通うのがいやでした。それは、**講師の話を2時間、3時間と聞いているのがとても効率が悪い**からです。

■ 講義を聞いても1割しか記憶に残らない

講義を受けると、すごく勉強した気にはなります。しかし、歩留《ぶど》まりがとても悪い。3時間の講義を聞いたとしても、ただ聞いているだけでは、覚えている内容は、1割しかないと言われています。聞きながらメモをとったとしても、3割しか記憶に残りません。

ちなみに、**講師の話を聞くだけでなく、自分も積極的に話しながら勉強をすると**、5割ぐらいの記憶が残ります。アウトプットをしながら聞くと、歩留まりがいいということです。この割合は、私自身が経験的に感じていることとも一致します。

塾に行くには、行き帰りの時間も必要です。そのうえで3時間の講義を受けて、身に付くのが3割だとすれば、時間効率が非常に悪いのです。ですから、私自身は、塾というものにほとんど通ったことがありません。模擬テストや実力テストなどは受けていましたから、その後には解説講義などもあるのですが、それさえ受けませんでした。

私自身、その方法が正しいと確信してこれまでやってきました。実際に成果が出ていますから、正解だと言えるのではないでしょうか。ただ、自学自習をしていると、自分では理解できないところも出てきます。そのときに、**その部分だけ講義を聞いたり、誰かに教えてもらう**方法があったりすれば、最も効率よく勉強することができます。

極論すれば、それ以外の講義は必要ありません。テキストを読んでわかるのであれば、そのほうがよほど効率はいいのです。聞くより読むほうが絶対的に早い。

最近は、本の内容を朗読したオーディオブックも販売しています。しかし、聞くのに相当な時間がかかります。一般的なビジネス書で4、5時間はかかるでしょう。読むのであれば、2時間程度で内容を理解できます。

1冊のビジネス書の内容を聞くだけで3時間程度の時間がムダになるのです。この3時間がどんどん積み重なっていったらどうなるでしょう。いつまで経っても、目標に到達できなくなってしまいます。

■「まず、講義を聞く」スタイルでは成果はでない

これまでの勉強法というのは、まずは、講義を聞いてから自分で勉強しよう、みたいなところがありますが、それでは成果がでないのは当たり前なのです。

なぜそのような方法になってしまったのかというと、学校教育が「まず講義」というスタイルになっているからです。そもそも、**まず予習してから講義を聞く形**になっていません。予習でわからないところだけ、講義を聞くことができるスタイルになっていれば、効率がいいのですが、そうはなっていないのです。

「まずは先生の話を聞きなさい、教科書を読みながら授業をやりますから」という形です。その後は「家で宿題をやってきなさい」と。その宿題についても、採点はされるかもしれませんが、それ以上のフィードバックはありません。

そのスタイルが予備校でも踏襲されています。それが正しい勉強法だという固定観

念から抜け出せずに、**試験勉強に関しても学校と同じような方法で勉強するのがスタンダード**になっています。

「その方法は絶対に間違っている！」という感覚を私はずっと抱いてきました。時間のムダだから「わからないところだけ教えてほしい」とずっと思っていたのです。そういう勉強が最も効率的だと考えていたのです。

■自分だけでは続かないから ライザップに入る

自学自習を実践して、わからない部分だけを誰かに教えてもらえる環境を整えることこそ、**ゴールに最短で到達する方法**なのですが、ここでもう1つの問題が生じます。継続性です。いくら効率よく進む方法を手に入れたところで、継続できなければ役に立ちません。

それが自学自習の最大の欠点です。自分で自分を戒めるのはなかなか難しいものです。いろいろな理由をつけて、ついサボってしまいます。忍耐強くいかに継続していくかが最大のポイントになります。

これはダイエットとよく似ています。あなたもライザップのＣＭを見たことがあるでしょう。お腹ぽっこりでたるんだ体がすっきりシャープに引き締まるビフォー・アフターには驚きさえ感じます。

しかし、ライザップが特別なことをしているわけではありません。結局、食事制限をして、筋トレを実践し、それをトレーナーに報告するだけです。単純なプロセスを繰り返しているだけですから、極端な話、一人でも絶対にできるはずなのです。

しかし、数十万円もの費用を支払ってライザップに通う人がたくさんいます。それはなぜか。自分だけでは続かないことがわかっているからです。あなたにも覚えがあるのではないでしょうか。

自分で節制できる人、たとえば筋トレマニアのような人は、そういうところには通いません。自分でだらしのない生活をしているという自覚があって、**痩せなければと思っているけれど、続かない**という人たちが多いのです。もしも、健康診断で異常値が出て、このままでは命にかかわるというような事態になれば違うのかもしれませんが、そうではないから真剣になれないという人が大半です。

勉強も同じです。大人になってしまえば、あえて勉強をする必要もありません。大学受験の場合には、勉強をしてもしなくても、受験日はやってきてしまいます。それは避けられないので、その危機感が勉強を継続する後押しになります。

しかし、大人の場合は、資格試験に合格しなくても、当面の生活に困るわけではありませんから、何かと理由をつけて簡単にやめてしまいます。仕事が忙しいとか、休日も会社の行事に参加しなければいけないとか、理由はいくらでも探すことができます。

ですから、勉強で成果を出すためには、**効率性と継続性の2つが重要なポイント**になるのです。

■

合格のノウハウはなぜ受験生に共有されてこなかったのか

自学自習の方法も問題です。間違った方法で勉強している人は少なくありません。たとえばノートをとるとき、教科書を写経するように書き写している人がいます。これでは何の意味もありません。

ノートをとるのは、ポイントをまとめるためですが、**そのまま書き写しているだけですから、まったくまとまっていない**のです。正しいノートの取り方は、第6章で解説していますので、参考にしてください。

問題演習をするときも同じです。問題の答えとか解説をノートに書き写す人がいます。これも意味がありません。ですから、どんなに継続して勉強をしても方法が間違っていれば成果は出ないのです。

効率性と継続性と、どちらに欠点がある人が多いかと言えば、後者に問題がある人のほうが圧倒的に多いのですが、どちらが欠けても成果を出すのは難しくなってしまいます。

これまで、効率よく成果をあげる方法が出てこなかったのには理由があります。大学受験にしても司法試験にしても、**難しい試験に合格した人というのは、少なからず、効率性と継続性を手に入れている**はずです。

しかし、運動と同じように自然と身に付いてしまったために、他の人に共有されることがなかったのです。

努力して手に入れたものなら、他の人に伝えたいという気持ちも出るかもしれませんが、何となくできてしまったので「どうして効率よくできたのか」とか「あきらめずに継続できたのか」とか考えることもありません。ただの「頭のいい人」で終わってしまうのです。

予備校の講師が「こういう奴は受かるんだよ」などと主観的な話をすることがありますが、実際にどんなふうに勉強をすればいいのかとか、合理的に数字を使って説明できる人はいません。

結局、**合格するためのノウハウというのは、まったく共有されてこなかった**のです。

私自身も今のような仕事をしていなければ、伝えようという気持ちは起こらなかったでしょう。

それが、自分で資格試験ビジネスをするようになって、こうしたブラックボックスに気づき、それを定量化することで、受験生にとって価値が出るのではないか、と考えついたのです。

受験生にとって、最短で合格に向かう勉強法が定量的に示されていれば、それにまさる指導はありません。

■ 合格目標に向かう勉強と、教養のための勉強は違う

基本的に、合格を目標とした試験勉強というのは面白くありません。教養のための勉強であれば、自分が関心のある知識が得られるので勉強をしながら発散をすることができます。年号を暗記する必要もありません。

ところが、試験のための勉強は範囲が決まっていて、それを何度も繰り返しやらなければなりません。自分の中で定着させないといけないからです。1回目はまだいいのですが、2回目以降の勉強は、本当に退屈です。全部同じことの繰り返しですから、これほどつまらないものはありません。

しかし、試験のための勉強においては、**7割くらいは知っていることを10割知っている状態**に持っていかなければいけません。そんな勉強が面白いはずはないのです。

そういう意味では継続性というのは忍耐力が必要になってきますから、野球部でバッ

トの素振りをした経験がある人とか、マラソンが速い人とか、体育会系の部活をしていた人が続けやすいということはあります。

スポーツでも何でもよいのですが、忍耐力が養われるような訓練を続けることは意味があると言えます。とはいえ、試験に合格をするために、これからバットの素振りを始めるというのは、それはそれで効率が悪くなってしまいます。

試験に合格することが目標であれば、自分の力だけで継続性を維持する必要はありません。誰かのサポートを受けることによって継続できる場合もあります。ライザップはその典型例です。トレーナーが**きめ細かいサポートをしてくれるからこそ、継続できる**のです。

講義時間の長い予備校に通ってはいけない

資格試験の予備校には矛盾があって、講義スタイルの矛盾は前述のとおりですが、単価の問題もあります。授業料というのは、基本的には講義単価をもとに決められています。〝1時間当たりいくらとれる〟という発想でコースを作ります。

つまり、講義時間数が多ければ多いほど、お金がとれる仕組みになっています。1時間1000円だとすれば、100時間の講義なら10万円の収入になりますが、10時間なら1万円にしかなりません。生徒にしても**金額が同じであれば、時間数が多いほうがトクしたような感覚**になります。

そこには、勉強の効率という面がまったく加味されていません。予備校の収益を最大化することしか、考えられていないのです。さすがに100時間で終わる講義を500時間にすることはできませんが、そもそも収入の最大化を目指しているので、効率を考えるなどという発想はありません。

ある有名な司法試験塾は、講義時間がいちばん長いことで知られています。しかし、競合の塾の中には、もっと短い時間で相当な数の合格者を出し始めているところがあり、「もう少し講義時間を短くしたほうがいいのではないか」という議論にもなっているようです。しかし、そう簡単にはできません。収入が減ってしまうからです。司法試験塾のようにパイが決まっている業界で単価を下げたら、売上が下がってしまいます。

ですから、講義時間を維持したまま、いかに多くの人に売るかということしか考えていません。本来は、**いかに合格させるかという部分で努力をすべき**だと思いますが、それは二の次になってしまっているのです。

column

社会人になったら、もう勉強しなくてもいい？

あなたがもし、社会人なのに勉強が必要なのか、という疑問を持っているとしたら、**仕事そのものが勉強だという意識**が乏しく、仕事を「こなす」ことに主眼を置いてしまっているのではないでしょうか。

私には、あなたの10年後が目に見えます。「俺は頑張ってるのにあいつが認めてくれない」「あの上司じゃなければもっといろいろできるのに」と居酒屋で毎日のように愚痴を繰り返し、「頑張ったってみんなが役員になれるわけじゃないんだから」とあきらめムードを漂わせて、周りの足を引っ張っているに違いありません。

少し話がそれますが、そもそも「社会人の目標」は何でしょうか。会社のトップに上り詰める、部下のみんなに好かれる、一流の営業マンになる、などなど、人によって望みはさまざまでしょう。

そして、学生と社会人のいちばんの違いは「勉強せずに済むかどうか」です。学生の場合、多かれ少なかれ、受験や定期テストという形で「勉強しなくてはならない」立場にあります。

「そこそこ」で終わっていいのか

一方そういう意味では、社会人の場合「勉強しなくてもいい」環境にあると言えます。もちろん、**最低限の仕事をこなすための勉強は誰でも必須**だと思いますし、その最低限のレベルも仕事によってさまざまですが、逆に言えばそれさえこなしておけば、「勉強しなくてもいい」のです。勉強しなくても誰にも何にも言われない、と言い換えたほうが正確かもしれません。

そのため、社会人になって、急に勉強しなくなる人が多いのは事実です。ある程度要領がよい人なら、言われたことをこなしていけば、たいして努力をしなくとも、「そこそこ」の結果は出せますし、「そこそこ」の評価も得られるでしょう。

ですが、仮に「何かの分野で一流になる、トップになる」という目標を持っているならば、勉強なしにそこに到達することはできません。

私は当初、弁護士事務所で社会人生活をスタートしました。弁護士というのは、法律のプロですが、日々法律も変われば、新たな判例も形成されていきます。なので、継続的な学習が必要不可欠な仕事であり、誰もがそれなりに勉強をしています。

不思議なことに、一流の弁護士ほどたくさん勉強しているのです。座学はもちろん、**他業界の一流の人との交流やセミナーなどを最大限に活用して、自分のスキルアップに努めている**のです。20年選手、30年選手であろうとも、一流の弁護士は、絶対に勉強の手を緩めません。むしろ誰よりも新たな事項について勉強します。

では、勉強をすることの見返りは何なのでしょうか？　それは「経験の価値を極大化できる」こと。これに尽きます。

これに近い名言として「愚者は経験に学び、賢者は歴史に学ぶ」というものがあります。要は、自分の経験だけですべて学べると思うなよ、ということです。もちろん、人によって経験できる量そのものは異なります。多い人もいれば少ない人もいますので、多くのことを経験できるよう心掛けるべきなのは言うまでもありません。

ただ、いくらハッスルして仕事をしたとしても、人の10倍の経験を「自分自身が」することはできません。1日24時間は皆平等、変えようのないことです。

しかし、勉強することで、その経験の価値を極大化することなら可能です。それは、あるときには過去の成功者の体験談を通し追体験することかもしれませんし、あるときには体系的理論において自分が経験した事象をうまく位置づけることかもしれません。

すなわち**他人の経験、思考を借用し疑似体験する**ことで、自らの経験から学習するスピードを速めることができる、ということです。

わかりやすいように単純な例を挙げれば、経理の仕事で「現金を出したら貸方に入れ、借方には相手の費用を入れる」ということを経験し、覚えたとしましょう。これだけでは、極端な話、「手形を出したらどうする」「債権を出したらどうする」となったら応用が利かず、いちいちすべて覚えなければなりません。

自分は「使えない」人間だと自覚すべき

しかし、複式簿記の考え方を勉強し理解していれば、もう少し抽象的なレベルで「資産が出ていって費用化した場合には借方にあったその資産を貸方に入れ、借方に費用項目を入れる」ということを理解できるわけです。理解していれば、出すものが現金でなく手形であろうと、債権であろうと、応用して仕訳を行うことができます。

こうして背後にある理論を勉強し理解しておくことで、経験をそしゃくする「応用力」が身に付き、**経験の価値を最大化して学習スピードを上げる**ことができるのです。

このように、社会人になってからの勉強は疑いようもなく必要ですが、人が勉強の必要性を痛感するのは、自分の至らなさ、未熟さを感じたときです。そのときに初めて勉強が必要であることがわかるものです。

自分の至らなさ、未熟さを痛感するためには、まずは仕事に打ち込むことしかありません。「俺はまだ本気出してないだけ」なんていつかの邦画のタイトルみたいなことを言ってはダメですよ。まずはしっかり仕事に打ち込んで自分の「使えなさ」を自覚してください。勉強は、その後でも十分間に合います。

実際に勉強を始めてみると、自分が**仕事から学ぶことが多くなる、仕事の覚えが速くなる**ことを感じるはずです。

第2章

100点とる人は合格できない!?

■予備校の合格者数はねつ造されている

少し話がそれてしまいますが、予備校が公表する合格者数というのはほとんどあてになりません。作られた数字なのです。たとえば、司法試験の合格率が高いことで有名な予備校では、東大生や京大生の授業料は7割など、かなり割引しています。

しかも、司法試験を受験する資格を得られる司法試験予備試験を受けてパスすると、授業料が無料になります。その代わりに「合格体験記を書いてほしい」「他の予備校では書くな」、という条件がつくのです。そもそも**合格しそうな人を集めている**のですから、合格者が多いのは当たり前なのです。

司法試験を受けるには条件が2つあって、いずれかを満たさなければなりません。1つはロースクール（法科大学院）を修了すること、もう1つは司法試験予備試験（一般に予備試験と言われます）を通過することです。

ロースクールを卒業しようと思うと、24歳までかかりますから、優秀な人は予備試験を受けます。20歳くらいで合格する人もいます。そうすれば、21歳で司法試験を受けることができるのです。

過去の合格率を見ると、大学に在学中に予備試験に合格した人が翌年の司法試験にパスする確率は9割を超えています。つまり、予備試験を通過した人は、ほぼ司法試験の合格者になるわけです。

そういう人を授業料無料で集めて予備校の合格者として公表するのですから、講義がいいとか悪いとか、そういう次元の問題ではないのです。合格者の多い予備校というのは、優秀な人を囲い込むのが上手だという以上のものではないのです。

私も司法試験を受けるときには、その塾なら合格できるのではないかと思い、講義の内容を確認しました。しかし、**授業を受けただけで合格できるとはとても思えませんでした。**

■

資格試験の予備校に通っても、8割は脱落する

資格試験の予備校というのは、途中でやめてしまう人がとても多いのも問題です。たとえば、**司法書士のコースは人気ですが、おおよそ1カ月で半分の人がいなくなる**といいます。

予備校にしてみれば、生徒が授業についてきているかどうかというのは問題ではありません。その授業でどこまで進まなければいけないかが決まっています。講師も生徒がどのくらい理解しているかを気にしてはいられないのです。

決められたカリキュラムに基づいて1限目はこれ、2限目はこれ、と大学の授業のように進めるだけです。授業に来ない生徒がいてもほとんどフォローはありません。

結果、最後まで残る生徒は約2割だといいます。全体の8割が来なくなってしまうのです。

どうして行かなくなってしまうのか、生徒に聞いてみると、「内容がわからなくなって面倒になった」と言う人が大半です。仕事が終わってから通っている人も多いので、残業などで1回休んでしまうと授業がわからなくなってしまうことも少なくないでしょう。

大学入試の予備校なら、行かなければ親に小言を言われますが、社会人の資格試験の場合は、文句を言う人もいません。結局、行けない理由を色々と持ち出して、自分を納得させて通わなくなってしまうのです。

このように**途中であきらめてしまう人を潜在受験者と呼んでいます**が、難しい試験ほど、その数は多くなります。

前述の司法試験の予備試験は毎年1万人強しか受けません。しかし、目指したことがある人はその何倍もの数になります。司法書士や他の資格試験も同じです。潜在受験者が相当数存在し、その人たちが予備校にお金を払っているのです。

たとえば、テレビCMも流している通信教育の会社には、行政書士の講座があって、毎年、2万人が受講するそうです。しかし、その7割が試験を受けません。一時的にはやる気になって6万円以上の受講料を支払ったものの、テキストが届いてみたら「わからない」と放ってしまう。もったいない話です。

最初にモチベーションだけ上がってしまい、勢い込んで申し込んでみたものの、**ちょっとやるだけでわからなくなってしまう**、だからやめてしまう、これが資格試験予備校の現実なのです。

■「授業を聞けば合格する」は間違い

前述のように最後まで授業を受けたとしても、その理解度は1割とか、よくても3割程度です。その間に自学自習をしていれば、もっと定着していますが、授業だけであれば、非常に低い割合しか理解できないのです。

しかし、世の中には**授業を受ければ、それだけで合格すると勘違いしている人**が多くいます。それだけでは無理だということに気づかない人がなんと多いことか。まさに、週に1度ジムに通っていれば、マッチョになれると思っているようなものです。

とはいえ、予備校のスタイルも古い形のままですから、その中で効率的に学ぶためには工夫が必要になります。大学受験のための予備校と、資格取得のための予備校に分けると、大学受験の予備校のほうが、実は一歩も二歩も進んでいます。

振り返ってみると、大学受験の分野では、代々木ゼミナール、河合塾、駿台予備学校の3強時代がありました。

このころは、都市部の大教室で100人、200人の生徒を集めて、講義を受けていました。「カリスマ講師の授業を生で受けるのがいい」と考えられていた時代です。しかし、**東進ハイスクールが台頭**し「映像授業のほうが効率はいい」と新たな視点を打ち出しました。

■東進ハイスクールの真価はカリスマ講師にあらず、監視システムにあり

東進ハイスクールは当初、**インターネットで配信して家でもカリスマ講師の授業を受けられる**ことを売りにしていました。ところが、思ったほど効果が現れない。それは当然です。家でいつでも自由に授業が受けられるとなったら、誰しもサボってしまいます。よほど、自律的な人でなければ成果はでません。結局、多くの生徒がやめてしまったようです。

東進ハイスクールは、どうしたか。各校舎に通わせてビデオ授業を受けさせるスタイルに切り替えたのです。林修先生をはじめとするカリスマ講師の授業がテレビなどでもしばしば話題になるわけですが、東進ハイスクールの本質的な価値はそこではありません。

生徒がビデオ授業を受けに行くと、アルバイトの大学生が待ち構えています。そし

て「最近はどう？」などと声をかけます。授業に来ていない生徒には「サボっているんじゃないよ！」と厳しく指導することもあります。まるで体育会系の部活のようです。実はこれでモチベーションが維持できるのです。

わざわざビデオ授業を見るために通うのは、一見非効率に思えますが、その後ろで監視しているというシステムを取り入れることで、うまく機能させているのです。ウェブの世界で言うと、大学受験の予備校が1・0から、2・0に進化した瞬間なのです。

さらに3・0に進化しようという動きもあります。いまや**全国に100校に迫る校舎を開講する武田塾**は「授業をしないこと」を最大の特徴として打ち出しています。東進ハイスクールの例で見ても、カリスマ講師の授業は本質ではありません。アルバイトの学生による監視システムこそ、成果が出せた理由です。

■自分に合った参考書さえあれば合格できる

大学受験の分野はものすごく進化していますから、コンテンツが溢れています。ものすごくわかりやすいテキストも数多く出版されています。ですから、カリスマ講師の授業がなくても、自分に合った参考書を買って学べば成果を出すことができます。

東進ハイスクールの監視システムの部分だけを取り出す発想で運営しているのが、前述の武田塾です。彼らは管理型予備校と表現しています。集団授業はムダ。自学自習こそ、**最短で目標を達成する道**だと公言しているほどです。

このように進化しているのが大学受験の予備校です。ところが、資格試験の予備校はまったく進化していません。1・0のままです。全国規模で展開している大手も同じです。都市部に大規模の校舎を作って生徒を呼んで、生の授業を受講させます。生の授業が受けられない人のために、一応はＤＶＤも用意されていますが、あくまでも生の授業がメインです。

資格試験の予備校が大学受験の予備校のように進化できない理由には、コンテンツが不足していることもあります。参考書なども大学受験のように揃っていません。たとえば、公認会計士や税理士の参考書は、市販されているものはほとんどありません。基本書と呼ばれる**テキストは、大手の資格試験予備校が作ったもの**しかありません。それを出版してしまうと、自学自習する人が増えて、入学者が減ってしまうことがわかっているのでしょう。

しかし、いずれは、大学受験予備校のように2・0、3・0へと進化せざるを得ないでしょう。なぜなら、そのスタイルが成果を出すための勉強法として本質的なものだからです。

勉強をするとき、100点を目指してしまう人がいます。もちろん、100点をとることに意味がある場合もあるでしょうが、試験に合格することが目標であれば、100点である必要はありません。合格ラインを少しでも超えればいいのです。

「合格点をとるための勉強法」と「100点を目指す勉強法」は、180度異なります。そして合格点をとる勉強法を極めるには、「絶対にやるべきことか？」と「今やるべきことか？」という**2つの視点で勉強の内容を考える必要**があります。

勉強をするときには、それがmust（やらなければならないこと）なのか、nice to have（やっておくことが望ましいこと）なのかをまず考えてください。これは、仕事でも勉強でも非常に重要な原理原則ですが、ほとんどの人ができていません。

直前になって
あれこれ参考書に手を出さない

たとえば、飲み会や会議のメンツを考える際、「あいつは絶対呼ぼう」という must メンバーと「あー、あいつも呼んどく？」みたいな nice to have メンバーがいます。後者は、呼んでも呼ばなくても大差がない。

試験勉強も同じです。「あー、あいつも読んどく？」的な参考書には、絶対に手を出してはいけません。試験当日が迫っているときはなおさら「あいつは絶対読もう」という**基礎的な参考書のみに集中**してください。

選挙にも同じ理論が当てはまります。候補者は投票日が迫っている中、選挙区内での街頭演説や握手といった基本動作をせず、遠方に視察出張に行くようなことをするでしょうか。

すぐそこに本番が迫っているのだから、街頭に出て声をからし、握手のしすぎでハンドクリームに頼りきり、というところまで基本動作を重視するのではないでしょうか。

少し前に、東大を首席で卒業して、現在弁護士として活躍している山口真由さんの「7回読み勉強法」が注目されました。実際に7回読むかどうかは別として、**基本問題や参考書をすべて暗記する**くらいの勢いで繰り返したほうが知識は定着しますし、合格に必要なレベルというのはせいぜいその程度のものなのです。100点をとるのではなく、合格を目標にするのであれば、nice to have はすべて捨ててしまうのがいいでしょう。

こう考えると、やるべきことは絞られますが、まだ油断はできません。試験直前になると、だいたいの場合、勉強は思ったより進んでいないもの。ほとんどの人がモチベーションの高い最初の段階で無理な勉強計画を立てているからです。そうすると、「やろうと思っていたけれどやれない事項」、つまり must の中でもやり残しが生じます。

かく言う私も、「あれもこれも」となったことはあります。「この判例の最高裁判所調査官解説を読んでおこう」「数学のこの過去問をもう一度解いておこう」、などと思ったにもかかわらず、手が回らなかった……という経験は何度もあります。

自分でmustと考えていることができないと、試験前にすごく不安になってしまいますが、現実はそのような状態で試験を迎える人がほとんどです。時間がなくなってしまえばしまうほど、**焦ってしまい優先順位がわからなくなる**ものです。

■残された時間が少ないときこそ、苦手科目に集中する

ではそんな状況に陥ったとき、何を優先してやるべきなのか。それは「いちばん費用対効果のいい科目」です。

たとえば教員採用試験の場合、公務員試験特有の科目の多さがあり、1科目ごとの点数はそこまで高くありません。一方で、出る問題の形式から、点数のとりやすいものととりにくいものに分かれます。

具体的に言えば、数学や理科は明らかに点数がとりやすく、ある程度の計算過程や理論を覚えていれば解ける問題が多い。一方で**国語は読解力が問われるので、飛躍的に実力を伸ばすのは難しい**でしょう。これはこの段階においては、勉強するだけムダということです。

費用対効果は、「今の自分の実力」と「科目特性」の2つの軸によって定まります。

自分の位置が極めて下（30点以下の状態）にあるのであれば、その科目は基本的に費用対効果が高いと言えます。点数が高くなるにつれ、1点上げるのにかかる労力も上がります。残された時間が少ないときには、点数が低い科目を優先しましょう。

しかし、点数アップの余地が大きい科目でも、「科目特性」から見て不適切なものはリストから外すべきです。国語や小論文などの読解力・感性が問われる科目は、日本語的センスの差も大きく出ます。一方、**漢字の書き取りや英語の暗記問題などは勉強量と点数が比例しやすい**ものです。同じ時間を使うのであれば後者のような科目が望ましいでしょう。

■

忙しいのではなく、怠けているだけ

社会人が資格試験に立ち向かうとき、すぐに現れる敵は「忙しくてなかなか時間がとれない」というものです。それはつまり、**仕事をしながら、勉強をするモチベーションを維持できない**のです。そのときに「勉強より仕事が大事だから、しょうがない」と考えてしまったら、あなたも負け組決定です。

断言します。そんなあなたの勉強が進まないのは「忙しい」からではなく単純に「怠けている」からです。

忙しくても、そうでなくても、1日のどこかのタイミングでは勉強にあてられる空き時間というものが訪れます。言ってみれば、そこであなたは「頑張って勉強する」カードと「今日は忙しいし疲れたから好きなことをやる」カードの2枚を手にしているということです。

そのとき「どうする、俺?」みたいな状況になるわけですが、勉強が続かないと言っている人は、「好きなことをやる」のカードをいつも切っているのです。なぜこうなってしまうのか。それはこの「好きなことをやる」カードを切って、**簡単に勉強をやめられてしまう状況にいる**からです。これを認識することが重要です。

この状況を打開するには「簡単に勉強をやめたくない」「やめられない」状況に追い込めばいいのです。その方法については、第4章で詳しく紹介します。

第3章

教科書と参考書
徹底活用学習術

効率よく合格する人は最初に教科書を読んでいる

効率よく合格を勝ち取っている人は、最初にテキストを読みます。そしてわからないところを先生や友達に聞きます。場合によっては、**わからない部分の講義を受講することもあります。**

大事なのは、原則をどちらに置くかということです。合格する人は、自学自習を基本に、補助として講義を受けているのです。それは家庭教師でも同じです。あくまでも補助であり、基本は独学でわからない部分を解決するために補助として利用するのです。

この部分の基本的な意識の差が最も大きいのです。しかし、それに気づく人はごくわずかしかいません。勉強のやり方自体を意識している人があまりいないのです。

誰よりも早くゴールに到着するためにはどうすればいいのか。走るのが遅くても走る距離が短ければ勝つことができます。

大学受験にしても資格試験にしても同じですが、**勉強をしているうちに合格することよりも勉強すること自体が目標になってしまう人**が多くいます。そういう人は、3時間の講義を聞くと、たくさん勉強をした気になって満足してしまいます。

3時間の講義を受けても、3時間分進んだとは限りません。カリスマ講師の中には、いろいろなエピソードを交えて面白おかしく解説をしてくれる先生もいます。もちろんわかりやすいのですが、そんなエピソードなどなくてもわかる人にとっては、ムダな時間になってしまいます。

結局、3時間の講義で1時間分しか進んでいなかったということも少なくないのです。考えなければいけないのは、3時間でたどり着ける、最も遠いゴールはどこかということです。

講義で満足してしまうのは、目的の取り違えです。重点を置く場所も取り違えています。そういう人が多すぎるのです。そして、最も大きな取り違えは、講義を受けると、自学自習の時間を減らすことができると思うことです。そういう人が多すぎるのです。予備校自体が「講義を受けることで勉強時間が短縮されます」と打ち出していますから、それに惑わされている面もあるかもしれません。

講義を受けると、その時間分「自学自習をした」ような感覚になってしまう人が多すぎるのです。講義を受けても、**自学自習の時間は絶対にゼロにできません**から、その時間をいかに有効に過ごすか、というのが勉強の本質なのに、それを見失ってしまうのです。

■人間は聞くよりも読むほうが早い

合格者というのは、みんなそれなりの近道をしています。その勉強法というのは、ある程度一般化することができます。

その証拠に合格者同士が勉強法について語ると、話が合います。「そうそう、そんな感じで勉強するよね」という感じなのです。

逆に合格していない人と話をすると、話がかみ合いません。「そうなんですか」という感じになってしまいます。それくらいの差があるということです。早く合格した人というのは、それなりに特徴があります。

前述のようにノートの書き方とか、**学力に直接結びつかないところには、できるだけ時間を使わない**ようにしています。必要な部分だけに、いかに時間を使うかという点に腐心しています。

具体的に言えば、読んでアウトプットすることになります。それが確実でいちばん早い方法です。人は聞くよりも読むほうが早いのです。そしてアウトプットすることで知識が定着します。そこをわかっているかどうかが分かれ目になります。

勉強法の書籍でも教科書を何回も読むことを推奨しているものが多くあります。先ほど紹介した「7回読み勉強法」の山口真由さんも教科書をただ読むだけでなく、途中で問題を解いているはずです。脳科学でも証明されていることですが、インプットの後できるだけ早く問題を解くことで、読んで得た知識がきちんと定着します。それだけアウトプットが重要ということです。

脳科学的には、**インプット1に対してアウトプット3が適切な勉強の比率**だとされているようです。

私はできるだけ早くアウトプットをするために、できるだけ早く過去問に取り掛かるという勉強法を推奨しています。

もちろん、ある程度のインプットをしていなければ、アウトプットもできませんから、いきなり過去問に取り組んでも難しい面もあるにはあるのですが、それをこなすことで、試験に合格するためには、何を覚えなければいけないのかがわかります。

テキストにも「ここが重要」と示されている部分があります。しかし、重要な範囲はとても長いのですべて覚えることはできません。そこで、**問題という形で問われることで知識が定着する**のです。

■オンライン学習で正答も復習できる

法律の勉強などでは特に顕著ですが、参考にすべきものが膨大にあります。テキストがあり、判例集があり、六法があり、問題集があり……という具合です。勉強をするときには、それらを相互に参照しなければなりません。それは物理的に相当大変なものです。時間もかかります。

これをすべて一元化することができれば、勉強の効率が格段によくなるのです。たとえば、私どもは、**パソコンの画面に動画が流れ、その右側にはテキストが同時に表示されるシステム**を導入しています。条文や判例はクリックすると、その場で下に開いて参照できるようになっています。必要なものがすべて一元化されているのです。

動画を見た後には、すぐに過去問に取り組めるようになっています。過去問は繰り返し、復習することも重要です。合格する人は、過去問を解いたときに、その結果を

「○」「×」で評価して次につなげていることが多いのです。

これまでのオンライン学習のシステムでは、間違えた問題は復習ができますが、合っていた問題は復習ができませんでした。しかし、正解だったとしても、自信を持って正解した場合もあれば、偶然に正解した場合もあります。そこで、私どものシステムでは、**過去問の解答評価に自信の有無を反映できる**ようにしています。それは4段階評価になっていて、もちろん「○」、多分「○」、多分「×」、もちろん「×」から選ぶことができます。自信がなくて正解した場合にも、復習ができるようになっているのです。

もう1つのポイントは、客観性を担保することです。自信があるかどうかは、自分の問題なので、それだけに頼るわけにはいきません。試験というのは相対評価です。つまり、みんなができる問題は、自分もできなければなりません。

ですから、正解率の高いものでかつ自信がなく不正解してしまった問題は、最優先で覚えなくてはなりません。また、復習する問題にもポイントによって優先順位をつけて、効率よく復習できるようにしています。

■ 脳科学に裏付けされた合格者の共通データ

極端に言えば、**みんなができない問題はできないままでもいい**のです。本番でもみんなできないはずです。大学受験にしても資格試験にしても、一番をとるものではありません。みんなの中で上位にいれば合格できるのです。

みんなができるかどうかというのは、正解率のデータを蓄積することによって判定していきます。受験生のデータは徐々に蓄積されていきますので、それに合わせて精度も上がっていきます。正解率の他にも、合格者がこの時期どれぐらい勉強して、この確認テストにどれぐらいの点数をとっていたか、あるいは、不合格者は、この程度しか勉強をしていなくて、これぐらいしか点数をとっていなかったとかさまざまです。

さらに、同じ合格者でも、さまざまなパターンがあります。コツコツ積み重ねていく人もいれば、ある時期までまったくできなかった人が一気に伸びたり、データの分析によって一定の法則が見つかります。

それに基づいて、試験が終わるまでに試験範囲を何回程度は復習しておかないと受からないとか、あるいは、憲法が苦手な人は刑事訴訟法も苦手なことが多いとか、そんなことがわかってくるのです。

今までは講師が何となく「この人は合格する」などと、主観的な経験をもとに話していたことをデータによって定量化しているのです。

加えて、客観的にとらえるために脳科学の面からも裏付けをとっています。東大薬学部教授の池谷《いけがや》裕二氏は、脳と記憶に関する研究をしています。その池谷先生にアドバイザーになってもらい、合格者のノウハウをシステムに落としたときに脳科学的にその是非を判断してもらい、システムの監修をお願いしています。

たとえば自信の度合いというのも、学んだ当初は強くても、日が経つに連れて弱くなっていきます。とすると、**自信というのは絶対的なものではない**、というような議論をしています。

最初のシステムでは、自信があって正解した問題は復習の対象にしていませんでした。ところが池谷先生のアドバイスによると、人間は忘れる生き物だから、自信を持っていたとしても、時間が経過すれば、絶対に忘れているので復習したほうがいいということです。

ですから、頻度は低いのですが、**自信を持って正解した問題も、復習に出題されるようにアルゴリズムを変更**しました。

このように脳科学的にも、合理的に勉強ができる方法を担保しています。

これまで資格試験予備校では、このようなデータ蓄積や分析はどんなに大手でもまったく手つかずの状態でした。生徒の個人情報はとっていますが、営業リストとしか思っていないのでしょう。

もちろん、講師の経験が役立つこともあります。それも大事ですが、どんな優秀な講師でも限界はあります。

2016年3月にグーグル傘下のグーグル・ディープマインド社が開発した囲碁の人工知能「アルファ碁」と「世界最強の棋士」と言われる韓国のイ・セドル九段の対局が行われました。

5局の勝負がソウル市内のホテルで行われましたが、その結果は4勝1敗で「アルファ碁」が勝利を収めました。コンピュータが人間に圧勝するという結果は、囲碁界に動揺をもたらしましたが、これも**経験には限界があることを示す象徴的な出来事**でしょう。

■教科書を2回読むより1回テストを

人によって、頭がいいとか悪いとか言いますが、根本的な構造というところでは、人間の脳の作りは同じです。基本的な構造や働きは変わりません。であれば、これまで蓄積したデータをもとに効率的な勉強法を導き出すことができるはずです。それは、誰にでも当てはまる普遍的なものです。

前述のように、**できるだけ早くアウトプットをしたほうがいい**というのは、最初、私の経験から生まれたものでした。しかし、調べてみると「テスト効果」と呼ばれる論文も発表されていました。

同じ教科書を同じ時間で2回読んだ場合と、1回読んだ後に、その教科書に関する問題を解いた場合とでは、どちらが知識が身に付いているのかという実験です。

結果は、テストをしたほうが圧倒的に身に付いていたのです。

あるいは、エビングハウスの忘却曲線もよく知られています。記憶は時間とともにどの程度、失われていくのかという研究です。人間の記憶は徐々に失われていきますが、復習をするとよみがえります。何度も復習すれば、記憶の定着率が高まるというものです。

また、受験生がいつ、どのタイミングで、どの程度の点数だったか、とか、どの講義を見ていたのか、といったことを分析することで、受かる受験生と落ちる受験生の特徴が明らかになってきます。

たとえば、憲法が苦手な生徒は刑事訴訟法が苦手とか、科目間の相関性も明らかになりますし、合格する生徒は、**試験半年前に確認テストで8割程度の点数をとっていた**、といったことがわかるようになるのです。

これまで説明してきたように、脳科学のデータ、合格者のデータ、受験生のデータという3つのデータを組み合わせて活用することで、普遍的な学習法が構築できるのです。

■ランチも集中力アップに活用できる

効率性には、集中力も大きくかかわってきます。仕事が忙しい社会人にとって、「勉強に集中できる環境」を作るのはなかなか難しいでしょう。しかし、「集中できる環境に恵まれない」という逆境に立たされているときほど、その環境を「自分で作り出す」必要があります。

自ら勉強に緩急をつけて、集中できるようにするのです。そして、勉強に集中できる環境作りにおいて最も重要なのが、「生理的欲求とうまく付き合う」ことです。

生理的欲求とは、人間が生きていくうえで避けられない欲求のこと。まず「勉強になかなか集中できない」と言う人を見ていて思うのは、漠然と**寝すぎ、食べすぎ、トイレに行きすぎ**、ということです。

まずは睡眠欲。勉強中、必ずと言っていいほど睡魔が襲ってきます。そのときにどう対処するのか、ということはあらかじめ決めておくべきです。私の場合、体のバイオリズム上、午後3時〜4時くらいの間に、ほぼ毎日眠気が襲ってきます。仕事をしていても、勉強をしていてもそれは同じ。バイオリズムだから仕方ありません。

この場合、とにかく寝るしかありません。ただし、**寝る時間は15分程度と決めること**。経験上、それ以上寝ると頭がオフモードに入り、ダラダラしてしまうだけです。

寝るときは、起きてからすぐに勉強できるよう、やっている途中のページを開いてその上に突っ伏して寝ます。そうすると、起きたときに眼前に勉強中のページが現れるので「いかん、やらねば」という気になり、スムーズに再開できます。

次に食欲。12時になったから、18時になったから、といってルーティーン的にご飯を食べるのはNGです。資格試験に挑む人をたくさん見てきましたが、ここを意識していない人が多すぎます。

お昼ご飯は、勉強という険しい山道に咲いた一輪の花、砂漠の中のオアシスです。「ご飯を食べるのを目標に勉強を頑張る」と言っても過言ではないほどです。それを決まった時間に機械的に食べてしまうのは、実にもったいない話です。

私は、司法試験の勉強を1日中する際、朝8時か9時から勉強を開始して、昼ご飯を食べるのは14時か15時ごろと決めていました。「これを終えたらお昼ご飯を食べよう」というにんじんをぶら下げて勉強すると集中できるので、その時間を長くするのです。

そして、食べるときに重要なのが、「十分な量を食べないこと」と「なるべく遅く食べること」。特に男性の方は、試験勉強中は丼物を大盛りで早食いしているケースも少なくないでしょう。でもこれは、言語道断です。食事を一気に食べると、間違いなく眠くなります。集中力も落ち、勉強する状態としては最悪です。

かの有名なサンドイッチ伯爵は、ゲームに夢中であったため、片手で食べられるようサンドイッチを作らせたという伝説がありますが、同時に集中力を落とさぬようゆっくり食べていたはずです、多分……。

伯爵でないみなさんも、**集中力を途切れさせないためにはゆっくり食べ、かつ、食べすぎない**ことです。

私は1日中勉強するときには、昼ご飯はだいたい菓子パン2つという質素なものですが、2ついっぺんに食べることはせず、1つずつゆっくりと食べます。1つ食べたらまた少し勉強し、その**勉強がいち段落したところでもう1つ食べる**、という具合に徐々に食事を進めていきます。

■「トイレに行く」のは単語帳を終えてから

そして意外と意識されていないのが、トイレに行きたいという欲求。行きたくなったときに行く人が多いことに驚きます。念のため断っておきますが、普段は好きなときに行けばいいのです。しかし、勉強するときには「トイレ欲」も有効活用できるのです。

私は、勉強をしているとき、トイレに行きたい欲求は限界まで我慢します。これ、まじめな話です。「トイレに行くまでにこの単語帳のここまで終わらせよう」と思って勉強すると、実はけっこう頭に入ります。

おそらく、昼ご飯と同様、**トイレに行くのも自分にとってのご褒美**と位置づけ、「これが終わったら行く」と決めることで、それまでの勉強に集中することができるのではないかと思います。あんまり我慢しすぎると、トイレが空いていなかった場合にエマージェンシーになる可能性がなきにしもあらずですが……。

勉強というのは、基本的に緩急をつけにくいもの。そういう勉強にスパイスを与えるためには、**生理的欲求を活用するのがいちばん身近**で、効果的な方法です。「したい欲求」を活用することで勉強の環境が整っていきます。

第4章

予備校には
非効率・ムダが多すぎる

■前受金ビジネスではモチベーション向上は難しい

資格試験の予備校というのは、基本的に前受金制を採用しています。たとえば、「来年の7月までで50万円です」というような形で生徒が受講料を支払います。これは英会話の塾などと同じ方式です。

先にお金をもらっているわけですから、生徒が来ても来なくても影響はありません。つまり、予備校にとって生徒のモチベーションを引き上げる意味はないのです。すべての生徒が頻繁に学校にやってくるようになると、教室の自習室も満杯になってしまいますから、来てほしくないという構造になっているのです。

仮に**予備校に行ったとしても、講義は一方的に進むだけ**です。そこにも、生徒のモチベーションを向上させる、あるいは継続性を維持するような工夫はまったくと言っていいほどありません。

予備校のビジネスモデル自体が**生徒にあまり来てほしくない**という仕組みになっているのですから、「予備校に通えば勉強を継続できる」という幻想は抱かないほうがよいということになります。

■学習継続の理由は「監視」「競争」「危機感」「承認」

かといって、自分自身の力で継続できる人もなかなかいません。ダイエットと同じです。では、継続性の本質とは何だろうと考えると、4つの視点が浮かび上がります。「監視」「競争」「危機感」「承認」です。

人間というのは、私も含め元来怠け者にできています。ちょっと**目を離せば仕事でも勉強でもサボる**、というのが当たり前です。学生時代、先生が休んで「自習」となった日は、みんなたいていサッカーや麻雀をしていましたよね？　上司やマネージャーがいないときに、やけにテンションの高い同僚、いますよね？　学生も社会人も一緒です。「監視」されなければサボってしまうのが人間です。

この「監視」をうまく使えばモチベーションを維持できます。もっと言ってしまえば「人のイジワル心を利用すること」が必要です。

たとえば、私の場合は、何かの試験を受ける場合、周囲の人間に「この試験をいつ受ける」と言います。そうすると、試験後には「どうだった？」と聞かれますし、試験までの間にも「はかどってる？」などと聞かれます。

このときの**周りの人間の心情**には、大なり小なり「どうせ続かないんだろう」「全然ダメで落ちたって言うんだろうな」という、イジワル心があります。否定してもダメです。あなたにもあるはずです。

■ 周囲のイジワル心を「監視」に利用する

このイジワル心が自分にとってのプレッシャーとなり、結果としてモチベーションを維持することができるのは事実。「監視」されると、それが後に引き下がれないプレッシャーとなり、「やっぱりやめた」というふうに言いづらくなるのです。

家族や恋人など身近な人に限らず、イジワル心の強い友人や同僚にも「監視」してもらうのがモチベーション維持には効果的です。

ぜひ、彼女や友人に「この資格を取得する」と公言してみてください。

次に「競争」。競走馬の調教でも、単走よりも併走（他の馬との競走）のほうが馬は速く走りますし、強度の高い練習ができます。人間も同じです。小さな子どもが楽しそうに駆けっこするのを見ればわかりますが、**人間は他人との競争が本質的には大好き**です。競争によって自分一人で出せない力を出すことができます。

私は高校生のとき、**昼ご飯を賭けて予備校模試の順位を競って勉強**していました。たいした金額ではないですが、本能的な「負けたくない」という気持ちに加え、「あいつにドヤ顔された状態で昼飯を奢りたくない」という気持ちがありますので、原始的ながらこの方法はすごく頑張れます。

リミットを設けて「危機感」を煽る

「危機感」というのは、試験に合格しなかったら自分がピンチに陥るような状況です。そうすれば、お尻に火がついた状態になって、何が何でも頑張らざるを得ません。

たとえば、このテストに落ちたら親からの援助が打ち切られるとか、あるいは、MBAに今年受からなかったら費用を会社が出してくれない、TOEICで730点をとらなかったら課長になれないとか、いろいろな危機感があります。試験が近くなると予備校が実施する直前講座などが売れますが、これも受験者の危機感を利用した商売と言えます。時間の足切り基準の設定が効果的ということです。

「承認」というのは、**人に認められる喜び**です。「あなたはすごいね」とか「そんなことを知っているんだ」とか、褒められると、ついうれしくなってしまいませんか。それが社交辞令だったとしても、いやな気持ちはしません。人間というのは単純なのです。

ただし、他の3つと比較すると、「承認」の効果は少し弱く、ある程度、できる人でなければ、モチベーションの維持につながらないという点はあります。

私自身は、この4つを常に意識して勉強に取り組んできました。これをどう取り込むかで、合格までの道のりが変わってくるのです。上手に活用すれば、最短コースでゴールに到着できるのですが、「危機感」以外の3つを維持するには、**仲間が必要**になります。

ネットの「仲間」はあてにならない

大学受験までは、高校に仲間がいるので比較的、簡単です。高校というのは、ほぼ同じレベルの人が通っているので、「競争」したり「承認」し合ったり、「監視」し合ったりが、しやすい環境にあります。

ところが、社会人になってしまうと、そういう仲間がほとんどいなくなります。友達さえいない場合も多いので、自ら積極的に動かなければなりません。たとえば、**SNSのコミュニティなどで仲間を探す**というのも1つの方法です。ただ、オンラインの仲間の場合、効果が限定的になりがちだという欠点があります。

Facebookに「資格検定をとろう」という趣旨のグループがあり、4000人から5000人のメンバーがいます。メンバーの書き込みを見ていると、「私、この試験を受けます。頑張ります」という人はほとんどいません。あるのは、「私、この試験に受かりました」というものです。合格証書の画像をアップする人もたくさんいます。するると、他のメンバーが「おめでとうございます」という書き込みをするわけです。

これでは、合格のためには役立ちません。なぜそうなってしまうのかと言えば「この試験を受けます」という書き込みをすれば、**メンバーに監視される環境に置かれる**ことになり、それが負担になってしまうからです。「監視」されるというのは、いやなものです。そのいやな状態にあえて身を置かなければ効果は期待できないのです。

■今の仕事をあと10年続けられるか考える

予備校も仲間を作るための場になりますが、これも自分から積極的に働きかけなければなりません。予備校側はまったくサポートをしてくれないので人見知りの人は、なかなかコミュニティに入れません。

教室に行くと、前のほうにコミュニティを作っている生徒が4、5人で座っています。この人たちは先生とも仲がいいので、そこには入っていくことができません。

私どもでは、コミュニティが大事だと考えていますので、**少人数ゼミ専門の教室**を作っています。それが機能すれば、相互監視と競争の役割を果たしてくれます。それによってモチベーション維持に効果があるのです。

また、月に1回程度、地方でイベントを開催しています。そこで知り合った人同士が自主ゼミなどを開いています。自主ゼミというのは、学習効率が悪いのであまりお勧めはできないのですが、モチベーションの維持という観点からすれば、すごく効果的なのです。

合格する人というのは、自分では意識していないかもしれませんが、これらの効果を自然と取り入れています。たとえば、ランチを賭けて模試を受けるとか。

資格試験を受ける場合、最初に「危機感」を覚えるのが一般的です。「この会社に10年いても先が見えない」「この仕事は、あと10年続けられないんじゃないか」とか、そんな想いで**手に職をつけることを目指して資格試験に挑戦しよう**と考えます。

問題は、そのモチベーションが維持できないということです。よほどの忍耐力がなければ、自力で維持はできません。ですから、維持させる仕組みが必要になってくるわけです。

第5章

やる気が長続きする アウトプット勉強法

■入学希望者が殺到するミネルバ大学の試みとは

では、モチベーションを維持させるには、どうしたらよいでしょうか。そのための仕組みを取り入れるところも出始めています。身近なところでは、前述のライザップが典型的ですが、勉強の面ではミネルバ大学というところがあります。２０１４年に米国サンフランシスコで開校した４年制の大学です。

この大学では、非常に面白い仕組みを取り入れています。20人1クラスで全寮制なのですが、その寮は3カ月ごとに変わります。世界中に寮があるので、**クラスメートとともに世界中を移動**しながら大学生活を送ります。教授は米国にいて、授業はオンラインで受講します。

クラスメートはずっと一緒なので、相互に監視して競争意識が芽生えます。そこを重視しているのです。代わりに授業はオンラインで効率化しているのです。

人気が高く、入学倍率はハーバード大学よりも高いほどです。

日本では、2006年に海陽学園が開校しています。全寮制の中高一貫校で次代のリーダーを育成することを目標にしています。東大名誉教授の中島尚正氏が校長を務めています。

特徴的なのは、**トヨタ自動車やデンソーなど大手企業の社員が寮に来て、勉強を監視してくれる**ことです。

■レベルが上の人と勉強すると効率も上がる

私たち「資格スクエア」は、それを個別指導ゼミで実現しようとしています。受験予備校の2・0と3・0の間ぐらいの位置づけだと思っていますが、学習の後のテストを重視しています。授業の内容は家で見てもらい、**予備校に来たらテストを実施**します。その後に個別指導ゼミを実施します。個別指導といっても、1対5くらいで行うので仲間もいます。

また、司法試験のコースであれば弁護士、司法書士のコースであれば司法書士という有資格者がいて、わからない部分を聞いたり、勉強の進め方について相談したり、あるいは論文の書き方を指導してもらったりできます。

自主ゼミはあまり効率がよくないという話をしましたが、それは、グループの中に合格者がいないからです。その状態で勉強するのは、ものすごく効率が悪いので、それは絶対やめたほうがいいと考えているのです。

グループの中に明らかに**レベルの違う人がいると、その人の意見に従うことができる**ので、効率が上がるのです。ですから、そのような形でゼミを実現しようと考えています。

結局、継続性の追求というのは、自学自習を管理してあげて、その中に継続性を担保する仕組みを取り入れてあげるということになります。その1つの形が個別指導ゼミだと、私は考えているのです。

■ダイエットに失敗したら即罰金！

「監視」の面で言うと、米国に面白い仕組みがあります。ライフハック系の監視のサービスです。まず、自分が実現したいことを決めます。たとえば、毎日5キロランニングするとか、禁煙するとか、ダイエットをするとか、それは何でもいいのです。

そして、レフェリーを指名します。レフェリーは、自分の身近にいる家族や友人などです。そして、**目標を達成できなかった場合の罰金**を自分で決めます。レフェリーは、その人が違反した場合には、通報します。すると、あらかじめ登録されたクレジットカードから罰金が引き落とされます。

しかも、徴収された罰金は、その人の主義主張に反する団体などに寄付されます。もちろん、社会的に見ると善の団体なのですが、その人にとってみると、考え方が合わないところに自分のお金が寄付されますから、非常にストレスになるわけです。

過去の事例もすべてビッグデータに蓄積して分析されていて、たとえば禁煙であれば、罰金を何ドルぐらいに設定している人がいちばん実現率が高いかといったこともわかるようになっています。

人間の本質に非常に合うサービスだと思います。人間の本質は、そう簡単に変わりません。続けないと効果が出ないものに関しては、**いかに継続性を保つか**ということが大切になるのです。

しばらく前にハーバード大学やMIT（マサチューセッツ工科大学）の授業をオンライン上で誰でも無料で受講できるMOOCs（Massive Open Online Course）というサービスが話題になりました。

日本でも放送大学などが中心となってJMOOC《ジェイムーク》（Japan Massive Open Online Courses）という同様の仕組みをスタートさせました。東大など一流大学の授業がオンラインで無料受講できます。ところが、途中で脱落する人が多く、最初から最後まで見る人が1割程度しかいないのです。

試験に合格するという目標を達成するためには、自学自習が明らかに最短ルートではありますが、それが誰でもできるのであれば、予備校や塾は必要なくなります。

予備校や塾に頼る人が多い、という事実が、自分は続けられないと思っている人がいかに多いかを指ししめしているのです。

前述のオンライン講義が続かないのは、まぎれもなくモチベーションが続かないからです。いつでも、どこでも受けられるオンライン講義は、**いつでもどこでも受けなくてもいい講義**になってしまい、結局最後まで受け切ることができない、というのが実態なのです。

■ **自分流「ピタゴラスイッチ」を作ろう**

自分でモチベーションを維持するために重要なのは、「ピタゴラスイッチ化」することです。最初に走り出した後、**自動的に危機感が高まる仕組みを自ら作っておく**ということです。

ところで、『ピタゴラスイッチ』はご存知ですか。NHK教育テレビで放映されている、謎の仕掛け「ピタゴラ装置」が有名な番組です。最初に力を加えるだけで、自動的に各種仕掛けが作動し、最後には『ピタゴラスイッチ』という番組名がドーンと画面に登場して「おおーっ」となるわけです。いわば未来型ドミノですね。ここまで説明してきた「監視」「競争」「危機感」「承認」を上手に使って、あなただけのピタゴラスイッチを作ってください。

大事なのは「モチベーションを一定レベル以下にしない」ことです。仕事にせよ、勉強にせよ、**モチベーションというのは必ず上下するもの**なので、「ずっと高くし続ける」ことは不可能です。どんなに「ピタゴラスイッチ化」しても下がる場面はあります。

「モチベーションが上がらない」ときにも「下げすぎない」こと。つまり、モチベーションの「下支え」こそ、独学の要になります。

■

やる気が起こらないときは、とことんダメ人間になってみよう

私の場合、大きな節目の後にモチベーションが下がる傾向がありました。参考書を一通り全範囲終えたときや問題集を一通り解き終えたとき、模擬試験が終わったときなどに気が抜けるクセがあったのです。試験勉強は非常に起伏の少ないものなので、端的に言うと、そのタイミングで勉強に「飽きて」しまうのです。

しかし！　私は長い独学生活の中で、いくつかの秘策を編み出しました。独学のモチベーション維持には、「ダメ人間」作戦、そして「お釜でご飯」作戦が有効です。

まずは1つ目の「ダメ人間」作戦。どうしてもモチベーションが上がらないときは、思い切って休んでしまおう！　という身もふたもない作戦ですが、意外に効果があるものです。ただ、注意してほしいのは、「短く、思い切り」休むこと。

私の場合、**モチベーションが上がらない日は1日中勉強しませんでした。**完全オフ

です。そんな日は、1日中ゲームセンターでメダルゲームをしていたこともありました。まさにダメ人間まっしぐら。恐らく1日で1万円は使っていました。

ここまでダメになると、ゲームセンターからの帰り道、メダルについた垢で汚れた指を見ながら、「あー俺、何やってんだろ」という感情がむくむくと湧いてくるわけです。すると「あ、やらないとやばい」と**危機感が醸成されてくる**ので、自然と勉強に身が入ります。

ちなみに、1週間など長期にわたり休んでしまうと、ダメ人間モードがメインになってしまいます。これではそのままダークサイドへ落ちてダースベイダーになってしまいますので、要注意です。

正直言って、1日休んだところで試験の結果は変わりません。こうして逆に割り切ることで「危機感を自然と持たせる」ことのほうが、ずっと効果的です。

さて、「ダメ人間」作戦は「そもそも勉強自体したくない」ときの対処法なのですが、「勉強する気はあるが、なかなか乗り切れない」という瞬間もたくさんあるでしょう。

私の場合、家を出て図書館に行ったはいいが、なぜかやる気が出ない、という日がありました。どこかへ遊びに行くほど気が乗らないわけではないが、効率が悪い。そんな状態です。

こんなときには「お釜でご飯」作戦が有効です。思い出していただきたいのは、お釜でご飯を炊く際の合言葉、「はじめチョロチョロ、なかパッパ」。つまり、**弱火から強火へ**、という流れです。

■ 頭のウォーミングアップを意識しよう

あまり意識していない人が多いようですが、料理の火加減と同様、勉強にも〝強度〟があります。

一度読んだ参考書を再度読む、人の話を聞くといったことは、頭をフル回転させなくとも可能なので、強度が低いと言えます。その一方、暗記する、記述問題を解くといった勉強は、強度が高い。

なかなか乗り切れないときには、「はじめチョロチョロ」として**強度の低い勉強を先に持ってくる**と、気持ちが勉強に向かいやすくなります。はじめにチョロチョロすることがウォーミングアップとなり、頭が「勉強モード」になっていくので、強度の高い勉強に入っていきやすくなるのです。

私の場合、参考書を読むのがいちばん楽だったので、気が乗らないときにはそうした勉強をして、徐々に**気分を高めて記述答案作成などのきつい勉強に入っていく**ように心掛けていました。

ぜひ、参考にしてください。

column

試験当日、「受かる人」はこの3つを〝しない〟

遠足の前の日でもないのに眠れない。テレビを見ていても落ち着かない。試験当日というのは、そんな精神状態で迎えるものです。**試験日なんて朝からおどおどしている人ばかり**なので、あなたが特別なわけではありません。

資格試験の仕事をしている私は、直接受験生の方と顔を合わせるべく、このシーズンは毎週のように試験会場に足を運び、みなさんにエールを飛ばしています。もちろん自社のチラシも飛ばしていますが……。

さて、そんな試験当日のおどおどにどう対処するか——。試験当日に何を勉強しても、正直言って結果は変わりません。なので、だいたい何をしてもオッケーです！

とはいえ、当日に「やってはいけないこと」には思い当たるところがありますので、その3つだけ紹介しましょう。

①いつもと違うことはするな

これは定石。脳を冷静な状態で試験まで持っていくことが重要なので、いつもとあえて違うことをしてはいけません。たとえば、いつも朝走っているのであれば、当日も朝は走るべきだし、朝ご飯にはパンを食べているなら、その日もパンを食べたほうがいいです。

こうしたルーティーンには、**脳をいつもと同じ状態に置くという効果**が期待できます。スポーツ選手の中にも、勝負に入る前に必ず一定の動作を行う人が多いですね。イチロー選手がバッターボックスに入るときや、一躍有名になった五郎丸選手などなど、具体例を挙げればキリがありません。

ルーティーン化によって脳の冷静さを保ち、本領を発揮できる状態に持っていくのです。

私の場合は、いつもと同じ歌を聞くことがこれにあたります。センター試験の勉強をしていたときは、いつもスピッツの『RECYCLE』というアルバムを聞いていました（30代にはおなじみですが、今の20代からすれば懐メロでしょうか）。

歌を聞かせることで「いつもと同じ状態である」ということを指令し、リラックスした状態にするのです。これを実践している人は多いでしょう。

②黒猫が横切っても気にするな

「ゲンを担ぐな」と言っているわけではありません。私が言いたいのは「ゲンが悪い」と思われる事象が起きても、**そんなもの気にするな**、ということです。

行きの道で黒猫が横切った、手が滑って箸や定期入れを落とした……。こんなこと、日常茶飯事です。いちいち気にしていたらキリがありません。

もしゲンを気にするのであれば、ポジティブな方向のみにしてください。たとえば、私は、試験の本番前には必ずチョコレートを食べるようにしています。これは、チョコレートに成功体験が紐づいていて、私にとって「縁起がいい」からです。

生まれて初めての入試であった開成中学の入試の際、がちがちになっている私に母親が持たせてくれたのがチョコレートでした。「これ食べたら頭が働くから」という、今思えばナゾの理由で手渡してくれたものですが、無垢な小学生だった私は素直にそれを聞き、頭が働くと信じて入試に臨み、そして合格できたというわけです。

人間というのは不思議なもので「これが縁起がよい」と思えば、神であろうが仏であろうがチョコレートであろうが、拝むものです。中学入試以来、チョコレートは私の必携アイテムになりました。

こうしたポジティブなゲンであれば担いでかまいません。私自身も前述のとおり、ゲンを担ぐ派ではありますが、言ってみれば気休めです。基本的にはゲンなんて気にしなくていいですし、**ネガティブにとらえるのはもってのほか**です。

③試験が終わるまでは人としゃべるな

この3つ目がいちばん重要です。試験当日は、基本的に他の受験生としゃべるのはやめましょう。時間が長い試験だと、午前と午後の間に昼休みが入ったり、場合によっては試験が2日間にわたったりすることもあります。

すると、試験の合間で聞こえてくるのが、「あの科目難しかったなぁー」「あそこの問題なんて書いた？」といった会話。

答え合わせをしてしまいたくなるのが人の常というものですが、**話している相手は採点官でも何でもない**のですから、「答え合わせもどき」をしたところで意味がありません。

ちょっとした安心感を得ようと、少しだけ答え合わせをしても、その問題に正解したからといって合格できるわけではないですし、間違っていたら精神的に大きなダメージを受けます。まさに前門の虎、後門の狼。

いつも受験仲間に囲まれているあなたも、試験当日だけは仏頂面で通してください。1日で友達がいくらか減るかもしれませんが、それはもう気にしないでください（笑）。

この3つを守れば、「冷静と情熱の間」の精神状態で試験に臨めるはず。普段の実力が出せていないと感じるのは、みんな同じです。それでも、最後まで自分を信じましょう。

■独学力を鍛える「SQUAREメソッド」

これまで説明したとおり、大学受験にしても資格取得にしても、**最短ルートで目標を達成させるためには、独学がベスト**です。しかし、やみくもに独学をしても成果は限られてしまいます。そこで、いかに効率よく、かつ、継続的に独学できるのかが問題になるのです。

私どもでは、誰でも効率よく、モチベーションを維持しながら独学ができる「SQUAREメソッド」を開発しました。このステップに沿って独学をすれば、誰でも簡単に目標を達成することができます。基本的な考え方は、これまでの繰り返しになりますが、ここで改めて、ポイントを紹介しましょう。

「SQUAREメソッド」は、私どものサービス名である「資格スクエア」の「S・Qu・A・Re」を頭文字にした4段階から構成されています。

S 第一ステップ 自習 Self-learning

最初のステップは「S」のSelf-learning、そう、まさに独学（自学自習）です。この段階では、テキスト中心の学習を行います。予備校などで講義を受けると勉強した気分にはなりますが、講義を聞くだけの勉強は決して効率的とは言えません。

自分でテキストを読むというのは、地味な作業ですが、**すでに理解している部分は飛ばす**こともできますし、不安な部分は繰り返し読むこともできます。自分の理解度に合わせて学習ができるのです。

講義ではわかっている部分もわからない部分も同じペースで進んでしまいます。ですから、同じ2時間の学習をしても、講義を受けるのと、テキストを自分で読むのとでは、効率がまったく違うのです。

ただし、自分でテキストを読んだだけでは、どうしても理解できない部分も出てきます。そんなときに質問をしたり、その部分だけ講義を受けたりできる環境を作っておくことが大事です。そういう意味では、予備校なども意味があると言えます。

Qu

第二ステップ **定着** Question

テキストで学んだことをアウトプットして、脳に定着させるステップです。テキストを読むだけでは、どうしても記憶の定着率は低くなってしまいます。問題演習などを通じて、学んだことをアウトプットすることで、定着率は格段にアップします。これは脳科学でも「テスト効果」として裏付けられています。このステップでも理解できない部分については、質問したり、講義を受けたりできる環境が必要です。

A

第三ステップ **克服** Advice

このステップは、自分のわからないところや苦手な部分を効率よく克服していく段階です。個別指導やゼミが受けられれば理想的です。第一ステップと第二ステップは自宅での学習が中心になりますが、このステップは**実際に教室に出向くなどして対面でアドバイスを受ける**のが最も効果的です。この段階でもテストを受けて、自分が全体の中でどのレベルに到達しているのかを把握することも重要ですし、通学するという強制の契機を入れることで、モチベーション維持にもつながります。仲間ができて競争意識も生まれますし、**先生に監視される環境も整う**ことになります。

Re

第四ステップ 反復 Repeat

第三ステップまでサイクルが終わったら、もう一度第一ステップにもどり、同じサイクルを繰り返すことで、さらに定着率を高めていきます。復習はタイミングが早いほど効果的。早いサイクルで回転させていくことがポイントです。

以上のメソッドは、自分で環境を整えて実践していくこともできますが、手間や時間がかかります。そこで、私どもでは効率よく「ＳＱＵＡＲＥメソッド」を実践するためのサービスを提供しています。それが「資格スクエア・リアル」です。

どんな内容なのか、司法試験に挑戦するケースを例にとって、簡単に紹介しましょう。

■

「資格スクエア・リアル」が考える独学力とは

どんなによい講師がいたとしても、どれだけ地頭《じあたま》がよかったとしても、それだけで合格は勝ち取れません。効率的な**自学自習を継続する力**、すなわち「独学力」を鍛えることが必須要素なのです。

こんな悩みを感じたことはないでしょうか。

・勉強が続かない
・テスト前なのに全部の範囲が終わっていない
・一度解いたはずなのにもう一度やってみたら解けない
・わからないところがあると立ち止まってしまう

・勉強はしているのに成績が伸びない
・教科書は読んだけれど実際に問題が解けない
・覚えたはずなのに忘れてしまっている

独学力を鍛えれば、これらをすべて解決することができます。その最短ルートが「資格スクエア・リアル」なのです。

通常のオンライン講義を受講した場合には、1時間に学習が進むのはテキストの約10ページ分です。しかし、「資格スクエア・リアル」では1時間に約20ページと、2倍のスピードで進めることができるのです。

時間が短縮できれば、勉強のサイクルが早くなり、**何度も復習して定着率を高める**ことができます。

■ アウトプットを中心とした学習法を確立

「資格スクエア・リアル」では、アウトプット中心の学習法を行っていきます。脳科学的にインプットとアウトプットの比率として最適と言われているのは……

インプット対アウトプットの最適比率＝1対3

です。

司法試験では、大量の知識の中から、必要な情報を取捨選択し、短い時間内に解答をすることが求められています。インプットに傾斜した学習を続けていると、実際の試験問題に対峙した際に、「正確に知識を表現する」という当たり前の作業ができなかったり、**時間内に解き切る**ことができなかったりしてしまいます。

司法試験は、基本的な法律だけで7科目あり、解答方法も短答式から論文式まであります。学習範囲が極めて広いのが特徴です。すべての論点において完璧な理解は不可能なのです。

これは、受験生全員に言えることですが、合格へのポイントは、**適切なタイミングで、適切な量のアウトプットを行う**ことにあります。アウトプットをとことん繰り返すことで、試験会場でも、自信を持って試験問題に向き合うことができるようになります。

そこで「資格スクエア・リアル」では、私どもの開発した「ＳＱＵＡＲＥメソッド」を効率よく実践する、アウトプットを中心とした学習法を確立しています。

■ 合格から徹底的に逆算したカリキュラム

「資格スクエア・リアル」では、合格から徹底的に逆算した「資格スクエア」オリジナルのカリキュラムに従って学習を進めます。これだけの速さで学習を進めることができるのは、「独学」を基本とする「資格スクエア・リアル」だけです。

資格の勉強を初めてされる方、勉強されたことのある方、学生・社会人など、さまざまなバックグラウンドの方に合わせ、これをこなせば大丈夫！　と自信を持って推奨できるカリキュラムを提案しています。

カリキュラムの特徴①合格目標に応じたカリキュラム

「資格スクエア・リアル」では、入塾時の学習進度・日々の学習時間に合わせて、**合格までのカリキュラムを作成**します。司法試験は予備試験も本試験も年に1度しかあ

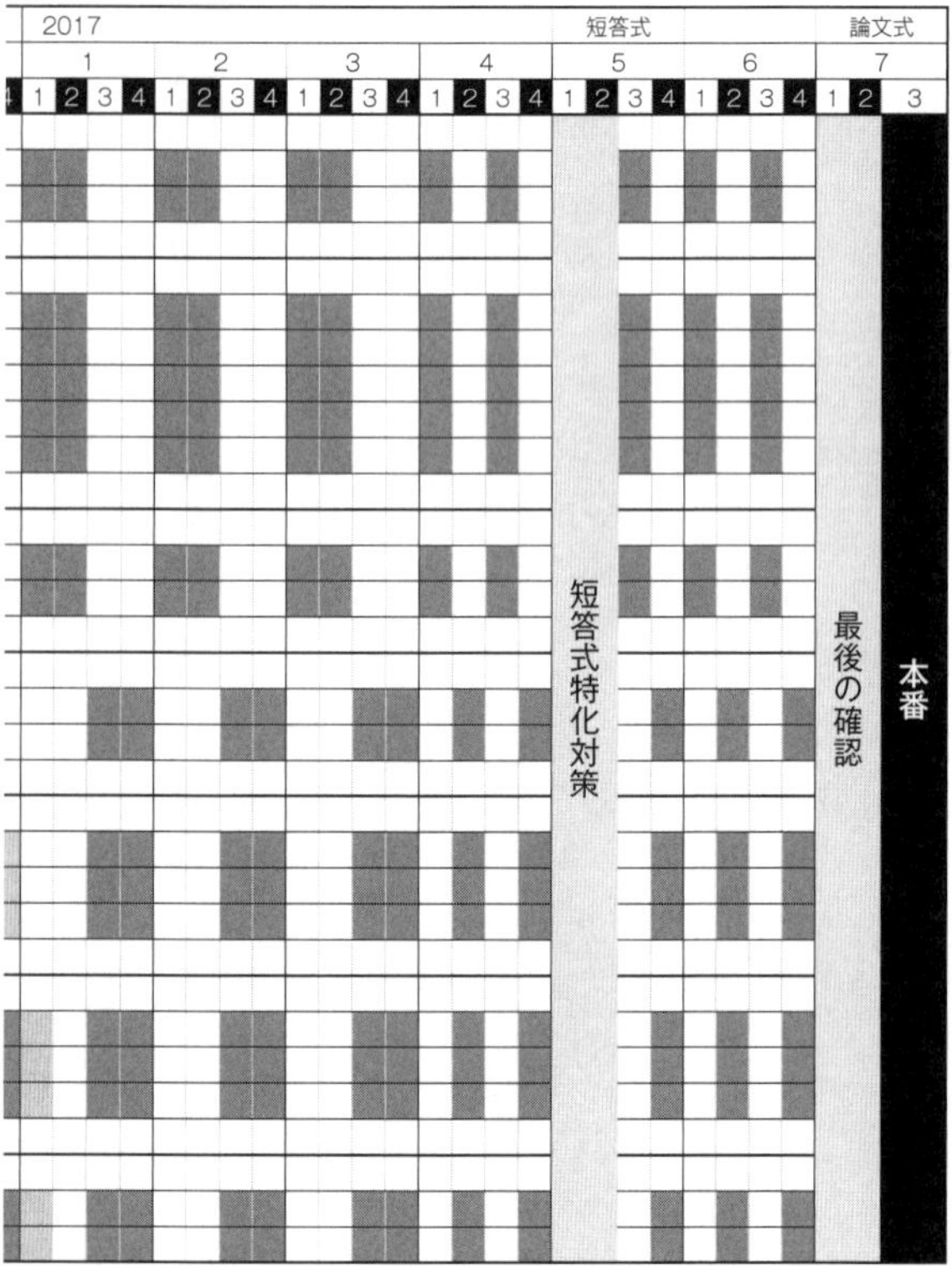

■が原則の学習。■が復習

■がゼミの週・第5週は遅れの回収

実際のカリキュラム例

1年で司法試験の合格を目指すカリキュラム

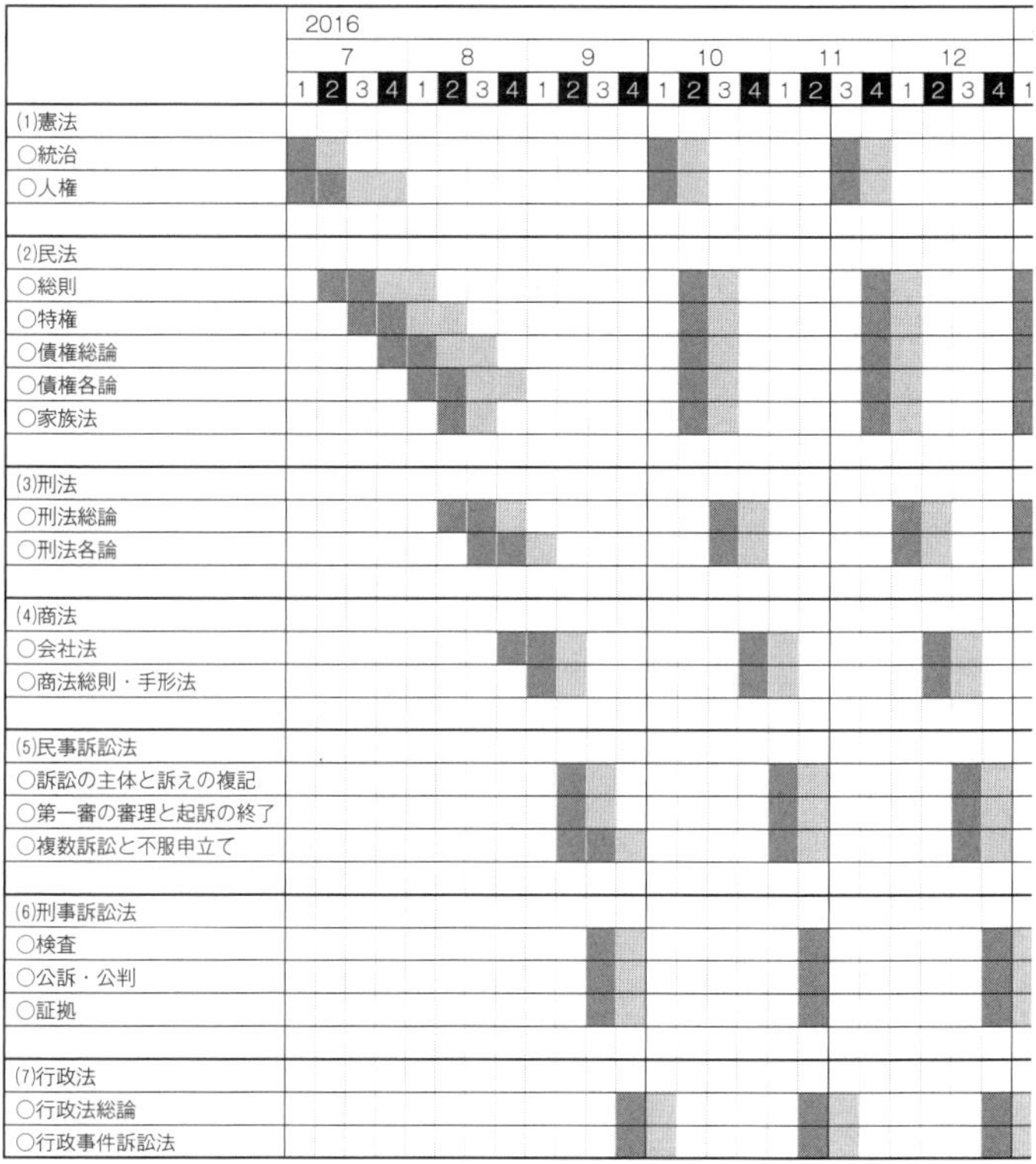

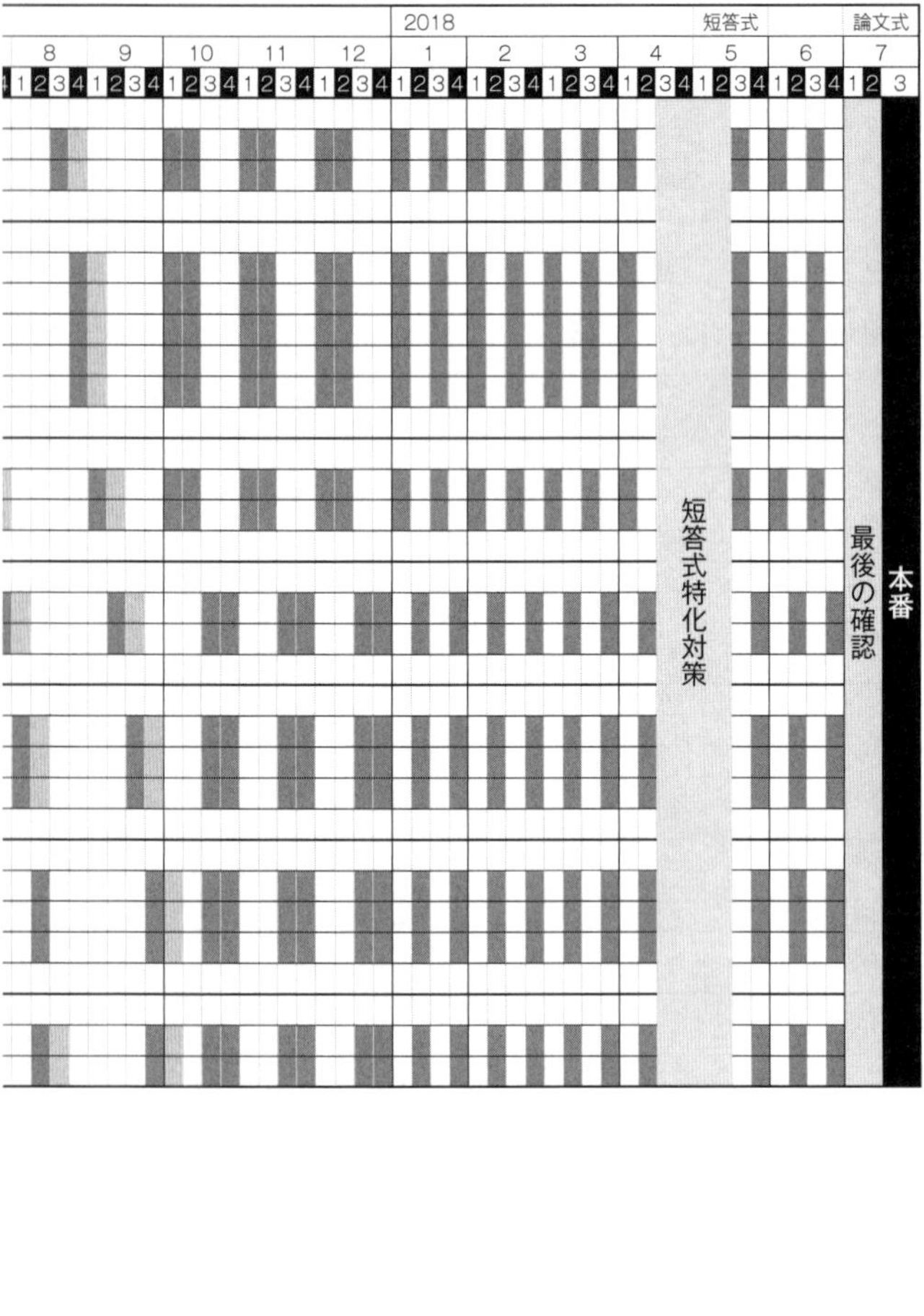
2018
短答式
論文式
8 9 10 11 12 1 2 3 4 5 6 7
短答式特化対策
最後の確認
本番

2年で司法試験の合格を目指すカリキュラム

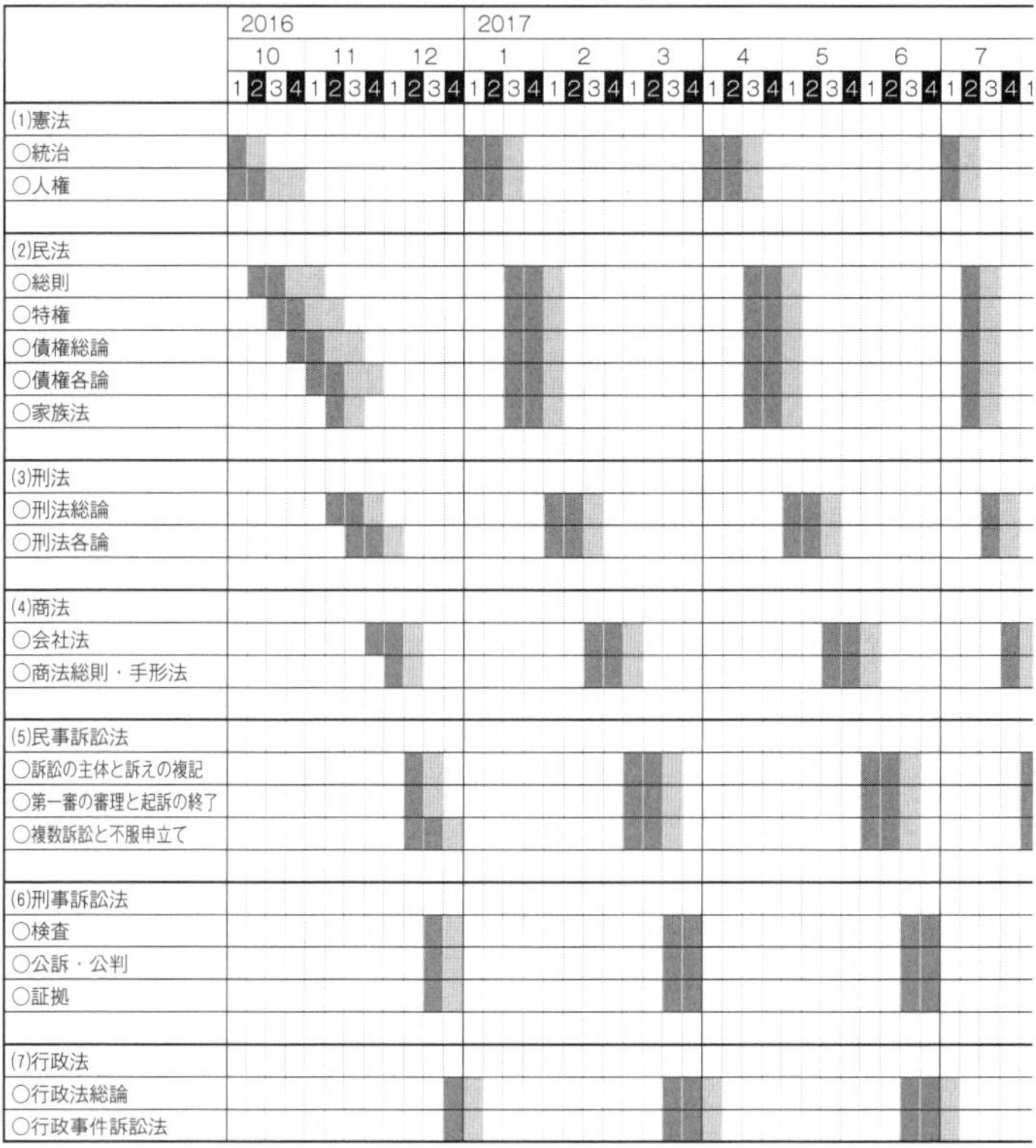

りません。自らが合格目標とする年度の試験において、最大限の力を発揮できるように、万全の体制でサポートしていきます。

カリキュラムの特徴②とにかく早く学習を回転させる

従来の予備校は、すべての科目を1年以上かけて学習するのが通常でした。しかし、全体像が見えて初めて理解できる分野も多く、他の科目との比較を通じて身に付く知識もあるため、**とにかく早く1周することが不可欠**となっています。

「資格スクエア・リアル」では、3カ月ないし6カ月という短い期間でとにかく早く1周してもらうことを原則とし、その後の飛躍への土台を築きます。

カリキュラムの特徴③復習スパンの短期化

1周目は3カ月ないし6カ月かけますが、2周目以降は、その期間を1カ月半、1カ月、2週間と徐々に短くしていきます。このように復習までのスパンを短くすることで、知識をより確実に定着させていきます。

■ 人工知能で弱点を徹底的に克服

「資格スクエア・リアル」では、日常学習を通じ、独学力を鍛えていきます。「合格者の学習法×IT」により、超効率的な学習法を一般化し、誰もが試験を突破できるシステムを構築しているのです。

「資格スクエア・リアル」では、従来から用いている「資格スクエア」オリジナルテキストを活用した学習を推奨しています。

しかし、他の予備校に通っている方や、ご自身で従来から基本書・参考書を用いて勉強されている方は、それらを利用することも可能です。

学習の流れとしては、一度テキストを読み込んだ後で、問題演習を行います。予備試験の短答式過去問を網羅し、人工知能を用いて、**重要度の高い問題、自分が間違えた問題を優先的に出題する超効率的な、脳科学ラーニングという問題演習システム**も提供しています。

合格者の学習法に共通しているのは、「演習する問題の選別」。第一に、みんなができる重要な問題を落とさない。司法試験は相対評価の試験です。ライバルたちが解ける問題は必ず解けるようにすることが必要です。

第二に、自分の苦手分野を優先的に潰す。0点の実力を80点に上げるのと、80点の実力を100点に上げるのは、ほぼ同等の労力が必要です。実力が上がるにつれ、より上を目指すのに多くの労力が要求されるのです。

これら合格者の学習法を取り入れた脳科学ラーニングを用いて繰り返し演習をすることによって、重要な知識抜け・漏れをなくし、最短・最速での合格を可能とします。学習をして質問が生じた際には、オンライン機能を用いて質問をすることができます。法律は「答えのない学問」とも言われており、やろうと思えば延々と議論することも可能です。「資格スクエア・リアル」では、司法試験対策に特化したスタッフが、予備試験合格という観点から質問に回答していきます。

質問をする際には、**どの箇所について、何がわからないのか**を、明確かつ具体的に文章化することが必要です。

この作業を通じ、**自分の疑問点が整理される**とともに、論文式試験に必要な文章力も備わっていきます。

■ 週に1度のテストで定期的なアウトプットを実施

「資格スクエア・リアル」では、週に1度、テスト特訓を実施します。テスト特訓により、定期的なアウトプットの機会を設けるとともに、自らの立ち位置を把握し、合格目標との関係で学習法の調整を行っていきます。

短答式試験対策として、**予備試験の過去問を中心とした問題から構成**される「総復習テスト」を実施します。立ち位置を把握するとともに、成績の伸びを認識します。

総復習テストは、予備試験の問題と同じ形式で出題されます。実際の試験では正答率が8割程度となっています。毎日の復習を大切にしながら、総復習テストでは合格点を超えるようにしっかりと学習を進めていきます。

総復習テストの結果は、「進捗・成績管理機能」で確認できます。可視化することで合格ラインとの差や自分の学習進行度を理解でき、合格までの見通しを明確に位置づけることができます。

そして、初学者の方にとって、非常にハードルが高いと感じるのが論文式試験です。「資格スクエア・リアル」では、合格者の体験談に基づいて、「論文が書ける」力を身に付けていきます。

論文試験は、長い事例問題について法律論文で解答する試験です。最初から長い事例問題を解いてしまい、**手も足も出ないとあきらめてしまう人**が多いので、資格スクエア・リアルでは、ステップアップ方式で論文を書けるようにしていきます。

具体的には、まずは穴埋め方式でキーワードを覚えるようにし、次に論文の一部分について書けるようにし、最後に論文をすべて書けるようにする、という形です。

もちろん、いきなり長い事例問題を解くという勉強法もありますが、くじけてしまわないよう、ステップバイステップで論文の力を養っていくのです。

こうして、事例問題を分解して個別の論点に落とし込み、それを自分が覚えたキーワードを織り交ぜながら書いていく、という論文作成能力が身に付いていくのです。

さらに、2週間に1度、個別指導ゼミを開催します。司法試験の合格者が主催し、学習の方向性を確認しながら、仲間とともに合格に向かって突き進んでいきます。

日常において、司法試験合格者と触れ合う機会は多くはありません、どうすれば合格できるのか？　この学習法は合っているのか？　そういった不安を解消するための「個別指導」は重要です。

一方で、試験は孤独なもの。でも、仲間がいるから頑張れる。負けたくない。合格へ向けて**モチベーションを高い状態に保つため**には「ゼミ」が効果的です。個別指導とゼミのよいところを掛け合わせたものが、「資格スクエア・リアル」の「個別指導ゼミ」です。

個別指導ゼミの様子。試験勉強は孤独なものだが、仲間がいるからモチベーションも上がる

第6章

自学自習を気持ちよく続けるための七箇条

■第一条

勉強の計画は「みじん切り」と「ちょい背伸び」が重要

「負け癖」がつくと、合格は一向に近づかない

試験に落ちた理由を「勉強の計画がよくなかった」と考える人がいます。そんな人は、落ちた原因が「勉強の計画」にあるのではなく「自己管理能力の欠如」にある場合が多いです。

自分への甘えをやめなければ計画など立てても意味がありません。落ちた原因は「単に勉強していないだけ」なのです。

当たり前のことですが、計画というものは、すべて「最終目標の達成」のためにあります。通常、最終目標というものは遠くて今のところ実現が見えないものであることから、**日々何をすればいいか**、という行動のレベルにまで落とし込む必要がありま

す。

そこで、「計画」を立てることで、**日々の行動指針を作っていく**わけです。勉強の計画方法については、巷でさまざまな方法が提唱されていますが、ここでは「何をやるか」「いつやるか」ということよりも重要な、「どこまで計画するのか」という点に絞ってお話しします。ポイントは以下の2つです。

①計画は「みじん切り」にする
②「ちょい背伸び」して計画する

最終的には、時間単位の計画にまで落とし込む

まず、計画を立てる際には、可能な限り「みじん切り」にする必要があります。私は、試験に向けた勉強をする際、必ず、その「日」に何をやるかをあらかじめ決めて勉強に臨んでいました。もっと言うと、「10時から勉強を開始し、12時までにこれを終わらせる」という形で「1日」の単位よりもさらに細分化した形で計画を立ててい

るのです。

勉強の計画を立てる1つの効用に、自分に時間的なプレッシャーをかけられる、という点がありますが、「1日」単位だとそれが弱い。午後の勉強で気持ちが入らないと「夜にやればいいや」となる「先延ばし精神」が頭をよぎるわけです。

では、もっとプレッシャーをかけるにはどうしたらいいかと言えば、より細分化するしかありません。「18時までにこの分野の過去問演習を終わらせる」といったことで、こまめに自分にプレッシャーを与えていくことができます。

実際の試験本番では、解答時間は決まっていて、秒単位でプレッシャーがかかってきますので、普段からこうした**プレッシャーを意識して勉強するのが得策**ですし、小さな達成感を積み重ねていくことができるので「色々なタスクをこなした」というちょっとした自負にもつながります。

私はこれらの勉強法を「当たり前」と思っていましたが、自ら資格試験のビジネスを始め、さまざまな受験生に話を聞いていくと、意外と実践できていない人が多いことに気づきました。「1日」単位ですら、なかなか計画できていません。

漠然と「今月中にここまでやろう」程度の「緩い」目標を立てていて、日々の勉強では「今日はこの辺でいいか」となるのがよくあるパターン。計画自体が「緩い」から、日々の勉強では計画の達成・未達がわからず、なかなかプレッシャーがかからない。試験前になって初めて「やばい、試験まであと○日しかない！」とプレッシャーを感じるものの、ときすでに遅し、となるわけです。

人間誰しも弱い動物なのです。だからこそ日々プレッシャーがかかるように、「日別」どころか「時間別」にまで計画を落とし込んでいくのです。

「ぎりぎり終わらない」分量を目安にする

そして、日別の勉強計画を立てる際のポイントは「ちょい背伸び」。思春期に、実際はいないのに「俺、彼女できた」と言っていた知人友人に心当たりはありませんか？　背伸びをして「彼女持ち」になろうとしていたあのころの友人と気持ちは同じ。「ちょい背伸び」をして少し高い境地に達しようとしてみてください。

そうすると不思議なことに**張り合いが出てくる**ものです。ポイントは「ちょい」背伸びであって、「思いっきり」ではないこと。「思いっきり」背伸びすると足がつりますので、ヨロヨロとなって計画がとん挫するのが普通になってしまい、結果「負け癖」がつきます。

私は日々の計画を立てる際、**勉強時間から考えるとぎりぎり終わらない**くらいの分量を自分に課していました。たとえば、司法試験直前であれば、少なくとも1日12時間くらいは勉強していたと思いますが、13〜14時間くらい勉強しないとこなせないタスクを自分に課すのです。

1日24時間は変えられません。単純に勉強時間を延長するのには限界があります。そこで、電車に乗っている時間、電車を待っている時間、お風呂の時間、最寄り駅からの帰り道など、さまざまなスキマ時間で勉強したり、昼食後に眠くなって集中力が低下しないよう細切れに栄養を摂取したり、何とかそのタスクをこなそうとする「工夫」をするようになります。

時間割での行動レベルまで計画を落とし込み、「ちょい背伸び」をしながら勉強を進めていけば、自然と実力はついていきます。

■第二条

ノートをきれいにとる必要はない

少し前に太田あやさんの『東大合格生のノートはかならず美しい』（文藝春秋）という本がはやりました。それから「方眼ノート」や、それを使いこなすための書籍もたくさん出版されました。みなさん「ノートをきれいに書く」ということへの執着が強いのだなあと感じます。

ただ、はっきり言って、この〝執着〟には意味がありません。わかりやすくきれいにノートをとるにはどうしたらいいのか――。そう考えているとしたらあなたも、**ノートの役割がまったくわかっていない**と言えます。

正直、私は東大生で美しいノートにこだわっている人を見たことがありません。私が中学高校を過ごした開成でも、ノートが汚い人は非常に多かったです。『東大合格生のいちばん多い開成生のノートは本当に汚い』という後追い本を出したら、売れるのではないかと思うほどです。

自分のノートの内容を後から見返してわからない、というレベルまでいってしまうとそれはそれで重症ですが、きれいにわかりやすく整理されたノートをとっている、というのも同じくらい重症なのです。

何が問題なのか、詳しく解説しましょう。

まず「ノートがきれい」という場合、そこには2つの意味があります。1つは「多くの情報が整理して記載されている」ということ、もう1つは「単純に字がきれい」ということ、です。2つともに意味がありません。

そもそも、試験勉強におけるノートの役割とは何でしょうか。「勉強したことを整理するため」「習ったことをまとめるため」といった答えが頭に浮かんだ方、完全にアウトです。ノートの役割を思いっきり履き違えています。

試験勉強においてはインプットのための勉強道具として、必ず教科書、テキスト、レジュメといった教材があります。そしてこれらには、**インプットに必要な情報がきちんと整理して掲載**されています。情報の整理やまとめは、プロに任せればいいのです。

きれいなノートは情報の羅列でしかない

2つ目の「字がきれいなノート」も、目的に照らせばなぜ意味がないのか、おわかりいただけるでしょう。資格試験の講義の場で、よく板書を美しく丸写しする人がいますが、ノートは写経ではありません。お坊さんを目指しているならともかく、試験突破を目指すなら、まったく見当違いのことに力を注いでいることになります。

では、ノートはどう使うのが賢いのか。私自身は、ノートは記憶したり理解したりするのに必要なもの「だけ」を、「補助的に」書き留めておくものと決めて勉強してきました。逆に言えば、記憶したり理解したりするのに不要なものについては書いてはいけないということです。

莫大な情報が整理されているきれいなノートは、**教科書やテキストやレジュメに書いてあることの丸写し**に近いものになります。そんなノートを書く人は、実は全体像をつかめておらず理解していない、というパターンがほとんど。

必要な情報を「網羅している」のではなく、「取捨選択できていない」だけです。そして、**最もやってはいけないのが、きれいなノートのコピー**です。理解していない人のノートをコピーして、あなたが理解できるはずがありません。おぼれる者はわらにもすがりますが、きれいなノートにだけはすがってはいけません。

かく言う私も、学生時代はテストの前になると、きれいな（情報が多くて字がきれいな）ノートを貸してもらい、コピーするという愚行に走っていました。そんなノートは、試験前には頼もしい存在に見えます。

しかし、情報の取捨選択がまったくなされていないので、実は極めて非効率な勉強になります。ノートをコピーさせてもらった身でありながら「なんでこんな奴のノートを借りてしまったんだ」と後悔した記憶があります。

本当に頼れるのは、自作の「継ぎはぎノート」

ここまで言うと、「じゃあお前のノート見せてみろ！　どうせそこそこキレイなんだろう!?」という突っ込みを受けそうです。

私のノート、「読めるものなら読んでみやがれ」と言いたいところです。私は、テキストや教科書を読んで「記憶しにくい部分」だけをピックアップして自分オリジナルのノートにしていました。ポイントは、「記憶しにくい部分」であって「理解していない部分」ではないことです。

すでに、きちんとまとまっているテキストや教科書を読んで「理解できない」部分なのだから、同じ内容をノートに書いたところで理解できるはずがなく、これをノートに書いても意味がありません。それこそ、丸写し以外の何ものでもないムダな作業です。

私の場合、たとえば300ページある教科書だとすると、ノートはせいぜい10〜15ページ程度に収めるようにしていました。あらゆる分野の事項を少しずつ飛び飛びに書いてあるので、他人が見ると支離滅裂なノートですが、**自分が記憶していない事項だけが載っているノート**ができます。自分にとってはこういう「継ぎはぎノート」を見返すのが最も効率のよい勉強法なのです。

したがって、自分さえきちんと判別できれば、それ以上に丁寧に書く理由はありません。むしろ汚くてもなるべく速く字を書くことです。勉強にとっていちばん大切な「時間」という資源を、ノートの字をきれいに書く時間に費やしてはなりません。きれいな字を書きたい欲求があるのであれば、書道教室に行くのがいいでしょう。

私は、試験の答案など、人に見られることを想定している文書についてはある程度丁寧に字を書きますが（これも時間の関係上「ある程度」です）、**自分が使うノートの字はかなり汚い**です。他人が見たら「あ、この人は字が汚いんだ」と思われるような字を書いています。

もう1つ重要なのが、増えてきたノートを順次、捨てていくことです。

ノートは理解したらどんどん捨てよう

勉強のノートは、記憶したり、理解したりするためだけのものですから、自分が書いてある内容を身に付けたら、順次、捨ててしまうべきなのです。逆にノートを捨てなければ、いつまで経っても復習の量が変わらないし、すでに覚えていることを復習するというムダが生じるのです。

万が一捨ててしまったノートに書いた内容を忘れてしまっても、重要なことは教科書に書いてあるわけです。自分が覚えたものは捨ててしまうことにしてください。

ノートはあくまで勉強のサブ的な役割のものなので、もっと言ってしまえば「そもそもノートの取り方なんて気にするな、あくまでもサブだ」ということになります。過去問をやって、そこで重要なポイントをつかみ、メリハリをつけて教材を学習してください。ノートはあくまでサブなので、ノートの取り方など気にする必要はありません。

次ページに私のノートの写真を紹介しましょう。前述のとおり、試験勉強用の「ノート」は本当にほとんど捨ててしまっているので、写真は英語の勉強をしているときの「メモ」であり、これまで書いてきた「ノート」とは少し位置づけが違うものです。どちらにせよ、**人が見て理解できるシロモノではない**と思いますが。

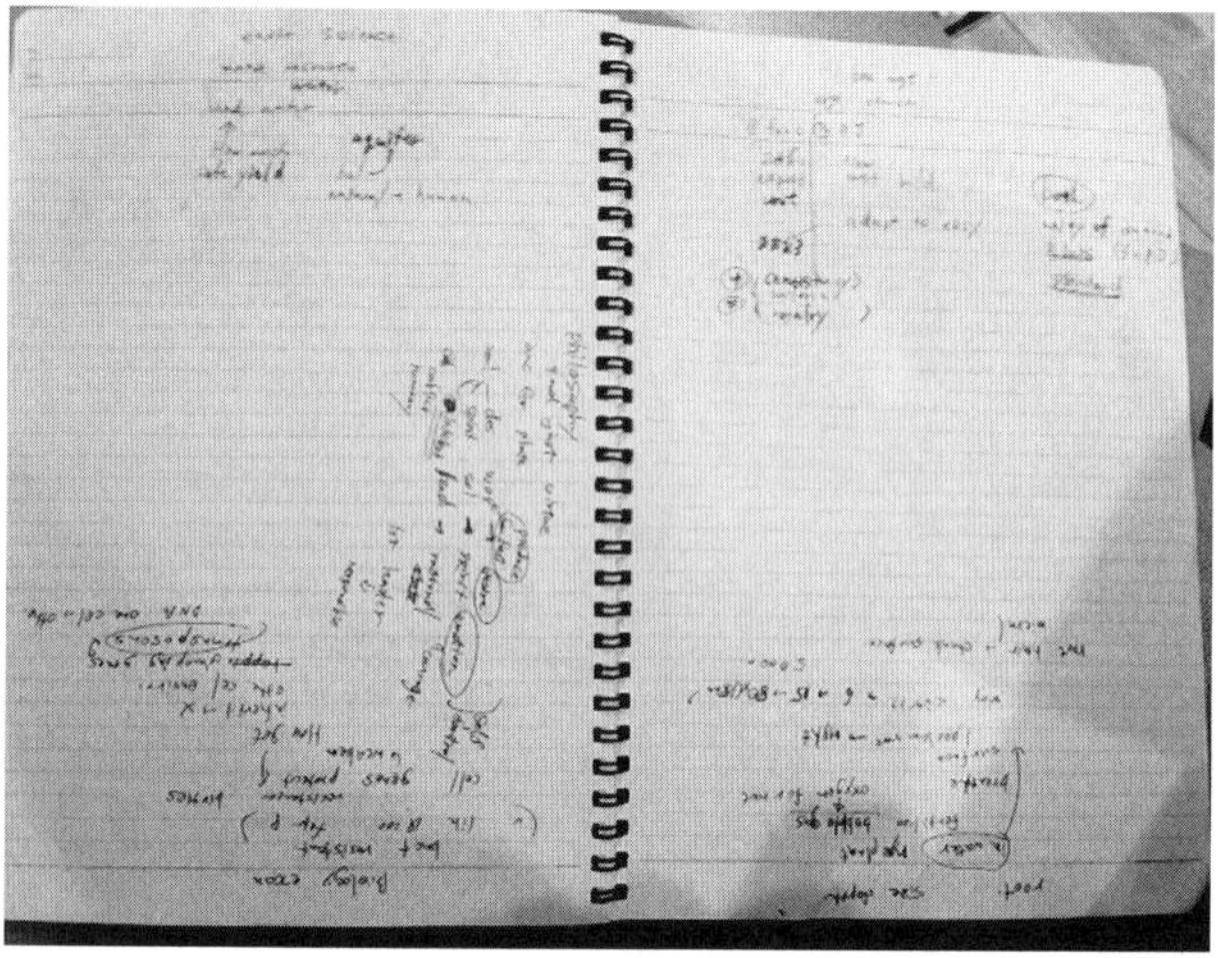

自作のノート。縦、横もかまわず書き込んでいる

■第三条

苦手分野などない。ただの「勉強不足」だと心得よ

得意分野という〝ぬるま湯〟につかるな

苦手分野を克服したいと考えている人は多いでしょう。しかし、長い間「苦手」を「苦手」のまま放置してきたとしたら——それはただの「勉強不足分野」です。「苦手」という印籠をかざしてその分野の勉強から「逃げている」だけではないでしょうか。得意な分野ばかり勉強して「苦手分野」の勉強を避けているのかもしれません。

こういう人は、受験生時代にもよくいました。数学が得意なので数学だけ勉強して苦手な英語を勉強しない。民事系の法律が得意なので民事系ばかり勉強し刑事系の法律を勉強しない……。

こういう人たちは、**苦手分野を勉強することのストレスから逃げている**だけです。

わからない、人よりできない、というコンプレックスやフラストレーションから逃れたいために「得意分野」という〝ぬるま湯〟につかっていると言えます。

試験勉強は総合点の勝負、1つの学問を突き詰める学者の仕事とはまったく異なります。まずそれを理解してください。

苦手分野に集中投資したほうが効率はいい

私に言わせれば「苦手分野」とは、すなわち「伸びしろの大きい分野」です。私の経験則に照らせば、0点の実力を80点に上げるのと、80点の実力を100点に上げるのは、ほぼ同等の労力が必要です。実力が上がるにつれ、より上を目指すのに多くの労力が要求されるのです。

「苦手」ということは、80点に達しておらず、**時間の費用対効果がいい**ということ。限られた時間を積極的にそこに投資するのが試験勉強の常道です。今後は苦手分野だけ勉強し、くれぐれも得意分野の80点を100点に上げる道を選ばないでください。合格が遠のくばかりです。

さて、苦手分野に突入する覚悟はできたでしょうか。そんな前向きな人には、私なりの苦手分野克服法を紹介したいと思います。手始めに、「苦手」には以下のように3つのレベルがあることを知りましょう。

①圧倒的な知識不足

簡単に言ってしまえば、「何が何だかわからない」という状態です。問題を読んでも意味がわからない、みたいな話です。このレベルの人の口癖は「何それ?」。基本的な用語の意味がわかっていない状態です。

②知識はあるが断片的でつながっていない

部分部分の知識はある程度身に付いているものの、それが**有機的につながっていないために丸暗記の域を出ない**、という状態です。このレベルでも、穴埋め選択問題などで「□に当てはまる言葉を選べ」みたいなものだと、何となく答えることができますが、それ以上の高度な問題にはなかなか歯が立ちません。

口癖は「聞いたことあるけど何だったたっけなぁ」。丸暗記しているので「ド忘れ」しやすい、というのも欠点です。

③知識がある程度つながっているが、問題に適応できるレベルではない

知識同士がある程度つながってきているが、**試験の出題形式にフィットした知識**になっていない。記述式問題なのに、重要単語の定義を暗記していない、といった状態で、口癖は「あーわかるけど、何て言えば（書けば）いいのかなぁ」。

アウトプット形式に合わせて知識がインプットされていないわけです。「何それ？」レベルの場合、まずは基本事項を覚えるほかないです。この場合はいかに効率よく覚えるか、という点が問題になります。

そして多くの場合は、②知識はあるが断片的でつながっていない、です。そこで、こうしたケースで理解を促進するのに有効な方法を1つご紹介しましょう。それは「目線を意識する」ということです。

問題文は「当事者目線」で読む

勉強以外でも、「上から目線」「顧客目線」など、日常的に目線という言葉は使われています。SNSの投稿などでも、「誰目線だよ⁉」的な突っ込みのコメントがあったりしますよね。

「目線」によって**物事の見え方、とらえ方がまったく異なる**からこのように使われるのです。勉強でも、「目線」を意識することで理解が深まります。

私の例で言うと、司法試験の勉強をしていたとき、民法が圧倒的に「苦手」でした。とにかく範囲が広い。分野同士のつながりが強い。断片的な知識が身に付いていても、問題になるとなかなか応用できない、というレベルで停滞していました。

見たことあるような問題が出ればそこそこ答えられるが、未知の問題になると完敗。「見たことあるなぁ」ならまだいいほうで「何それ？」状態になることもしばしば。いわゆる「応用力がない」状態でした。

答案を採点してもらっても、「解答の方向性が違いすぎて点数のつけようがない」

という趣旨のことを書かれ、揚げ句にほぼ0点なのに「まだここから挽回可能です」と明らかに気休めとしか思えない励ましのコメントまでいただきました。これでは、さらに落ち込みます。

しかし、あるとき、合格者の方に「民法なんて簡単だ。要するに『金払え』『物よこせ』『どけ』くらいしか要求はないんだから」、と教えてもらいました。このアドバイスが、私にとってのブレイクスルーとなったのです。

要は、問題文を何となく読むのではなく、売主や買主といった「当事者目線」で読め、ということです。確かにそう考えると、民法って「金払え」「物よこせ」「どけ」くらいしか要求はないんですね（「離婚させろ」とか切ないものも中にはありますが……）。

民法に限らず法律というのは、そうした生の要求をどうやって条文や判例で理論構成するかに過ぎないと気づいたのです。

こうして**当事者目線を意識して民法を見つめなおした**結果、みるみるうちに問題が解けるようになりました。断片的にしか持っていなかった知識が有機的に理解され、どんな問題でも大外しすることがなくなりました。

この考え方は、こと人と人との取引が関連する分野にはあまねく通じる話です。

あれほど苦手だった民法が、こんなに**単純なことで得意になる**のですから、苦手科目だからといってあきらめてはいけないのです。特に専門性の高い勉強ほど、ちょっとしたことがブレイクスルーになりますので、粘り強く食らいつきましょう。

■第四条

記憶力が衰えてもスルスル暗記できる「南無妙法蓮華経」法と「ななまがりしっぷす」法

「記憶する」という作業からは一生逃れられない

人間の**記憶力は、年齢を重ねるごとに低下する**ものだと言われています。「あの人、誰だっけなあ。ここまで出ているんだけど」と言ってのどに手を当てる動作。痛々しい光景です。「あの人」は相手に伝わらないし、実際にのどから出てくるわけでもないのに、ついつい「わかってよ！」という勢いで言ってしまいがちです。

「あの人」をちゃんとすべて固有名詞で話せていた、黄金の青春時代。こと勉強においても、定期テストの前だけ集中的に勉強すればかなりの部分は記憶できていた、という方もいると思います。それが大人になった今、どうしてできないのか。

1つには、もちろん生物学的な脳の衰えがあります。スポーツほどではないにしても、老化に伴い記憶力も徐々に減退します。そしてもう1つは、**社会人になって記憶にあてられる時間が少なくなる**こと。

日々接する人の数は、圧倒的に多くなります。勉強にしても、仕事上必要な他のことも覚える必要があるので、脳のキャパシティのすべてを勉強に振り向けられた学生時代より当然記憶は難しくなるわけです。

私も例外ではなく、学生時代は豊富な時間を武器に「丸暗記」の要領で多くを覚えられていたものが、20代後半あたりから「あの人」が大量生産され、極端なケースでは、「あのとき、あそこにいた、あの人って何て名前だっけ？」という事態に陥っています。資格・受験勉強についても、似たような状況です。

そんな「あの人」の大量発生から抜け出すにはどうすればよいのでしょうか？

ちなみに「勉強は理解がいちばんで暗記は後からついてくる」という方、退場です、残念。もちろん、全体を理解し記憶しやすくすることは必要なのですが、いくつかのポイントでは「丸暗記」しないといけない場面が出てくるのも事実。人の名前なんてものはまさにそうです。結局記憶するという作業からは、逃げられないのです。

五感を「同時に」使って記憶せよ

では、日々記憶力の衰えが進行しているあなたに贈る記憶法を2つ紹介します。

まずは「南無妙法蓮華経」法と、「ななまがりしっぷす」法です。念仏を唱えて覚えるのです。勉強は「見る」「聞く」「話す」「書く」の4つの側面でとらえることができます。このうち、大きく分けて「見る」「聞く」は情報を受信する「インプット」、「話す」「書く」は情報発信を自ら行う「アウトプット」です。

記憶はインプットのみの作業だと思われがちですが、実はインプットとアウトプットを繰り返すことで定着するもの。歳をとればとるほど、このサイクルを早く、かつバリエーションを持たせて回す必要があります。

「覚えられない」と言っている人にありがちなのが、**黙々と本を読んでいる**だけ、あるいは黙々とノートに書いているだけ、というパターン。

「見る」とか「書く」の1つだけしか繰り返していないので、これは非常に効率が悪いのです。なるべく早くサイクルを回すには、インプットとアウトプットを同時にやってしまうのが効率的です。

たとえば私の場合、英単語を覚えるときには、チェックシートを黙々と読むのではなく、チェックシートをずらしながら「make　作る」などと、念仏を唱えます。

これは「見る」「話す」「聞く」を同時に行うパターン。それでもダメなときには、声に出しながらノートに書いたりもしますが、これは「見る」「話す」「聞く」「書く」をすべて同時に行うパターンです。

電車の中で唱える場合、気がつくとなぜか自分の周りだけ人がいない、という事態になるかもしれませんが、まあいいじゃないですか、たまには。ぜひ、**声に出して念仏を唱える勉強**をしていただくことをお勧めします。

2つ目は、名付けて「ななまがりしっぷす」法。多くの方がご存知のはず、元素記号を覚える語呂合わせのあれです。「すいへいりーべぼくのふねななまがりしっぷすくらーくか」。

ひらがなにすると、まったくもって意味不明ですが、どこの学校でも常識のようにこれを教えています。実はこれ、極めて合理的な記憶術です。

語呂合わせの利点は「記憶量の圧縮」と「イメージ化」です。元素記号を順番に覚えるとなると、水素、ヘリウム、リチウム……とたくさんのことを覚えなければならず、記憶量が圧倒的に多くなってしまいます。

かなり多くの事項を「丸暗記」しなければならず、記憶するのが困難になります。それを「すいへいりーべ……」とすることで、記憶量を減らせるわけです。

次に起きているのは、「すいへい」は「水兵」、「ななまがりしっぷす」は「七曲シップス」と置き換えて、「七曲シップス」なる謎の船に乗っている水兵を、人それぞれに「イメージ」すること。無理やりにでも**身近な概念に置き換えることで記憶が定着**しやすくなります。

語呂合わせは自分で作るもの！

このように「記憶量の圧縮」と「イメージ化」のために語呂合わせは極めて有効で

す。ところが、自分で語呂合わせを作るのではなく、すでにある確立した語呂合わせを探そうとする人があまりに多い。おそらく、語呂合わせを作るのは難しいと思っているからでしょう。

ですが、**語呂合わせを作る**のは実は簡単。意味の固まりから頭文字の1文字か2文字を組み合わせて、適当な助詞を足していけば知っている単語に辿り着くことができます。そうして知っている単語を連続させて「記憶量を圧縮」し「イメージ化」していくのです。

1つ例を示しましょう。司法試験受験生が覚えるのに苦労する、判例による「検閲」の定義。

「行政権が主体となって、思想内容などの表現物を対象とし、その全部または一部の発表の禁止を目的として、対象とされる一定の表現物につき、網羅的一般的に、発表前にその内容を審査した上、不適当と認めるものの発表を禁止する事をその特質として備えるもの」

こんなもの丸暗記できない、と思うでしょう? でも、読点ごとに頭文字をとり、「ぎょう(行政権……)ししそう(思想内容……)なその(その全部……)たい(対象と……)もう(網羅的……)はっぴょう(発表前に……)はふてきとう(不適当と……)」

として短縮し、そのうえで、

「凝視ししそうな、その体毛発表は不適当」

とすれば、覚える量は減るしイメージしやすいですよね。どんなシーンをイメージするかは、あなたにお任せします。

必要なのは、想像力です。

さて、2種類の記憶法を解説してきましたが、結局念仏も語呂合わせも、大事なのは**恥ずかしがらずに、大まじめにやってみる**ことです。考えてみれば、記憶法自体は学生時代にも行っていたであろうものの応用に過ぎません。が、大人になると「恥のかき捨て精神」が不足してしまいがちです。

すべては試験突破のためです。余計なことは考えない、**ピーターパンのような純粋な心**が効率のよい勉強を実現します。暗記をクリアして合格への道をこじ開けてください。

■第五条

記憶を定着させるには「イメージ化」せよ

「理解」と「記憶」はどちらが大事?

試験において「理解」と「記憶」はどちらが大事なのか――。そういう質問を受けることがあります。結論から申し上げるのなら、どちらも同じです。「理解と記憶とどっちが大事なの!?」と聞かれても、それらがあいまって「試験での得点」に至るわけですから、**二者択一ではない**、というのが最初の立脚点です。

試験勉強の場合、多くの人が嫌い、もしくは苦手とするのが、「記憶」のほうでしょう。「理解」することに知的喜びを感じる人は多いと思いますが、「記憶」することに喜びを見出す人は少数派です。ですが、「理解」と「記憶」には深い相関性があります。

ご存知のとおり、「記憶」をほぼせずに試験で高い点数をとるのは不可能で、それは試験に必須の要素ですが、「理解」することで「記憶」の定着度は大幅にアップします。簡単に言えば「忘れにくくなる」のです。

これは、「理解」すると記憶対象を「イメージ化」できるようになり、そして「イメージ化」されてしまえば**頭から離れにくい**からです。このことをわかっていただくため、小説をイメージ化した例を挙げましょう。

外国の小説が頭に入ってこないワケ

抽象的な「鈴木太郎」という小説中の人物でも、テレビドラマ化され、実在の有名俳優が演じると、目に見える形となり「理解」でき、人物が「イメージ化」できます。

そうなると、物語が途端に頭に入ってきやすくなるのです。仮に映像になっていなくとも、「鈴木」や「佐藤」という名前や背景設定から、何らかの「イメージ化」をして小説を読んでいることがほとんどだと思います。

一方で、日本語訳の外国の小説が頭に入りにくいのは、「ラスコーリニコフ」や

「ベラトリックス・レストレンジ」といった人物を、小説中の説明だけでは頭の中で「イメージ化」しにくいためです。

「イメージ化」できないと登場人物の「丸暗記」になってしまい、最終的には登場人物がこんがらがり、何度も人物紹介のページに戻る羽目になります。私の持っている『罪と罰』は人物紹介の部分だけ手垢だらけです。

小説の例で言う人物やストーリーは、試験範囲であり「記憶」の対象、映像によるイメージ化は「理解」を示しています。「理解」が進むことでイメージ化され、「記憶」が定着しやすくなるのです。

たとえば、英語の試験の場合、専門知識を問うものではないので、英単語や英文法などの「記憶」の要素が強くなりがちですが、それでも**単語の本来の意味**を「イメージ化」して「記憶」しておくことで圧倒的に忘れにくくなりますし、応用も利くようになります。

私の例を1つ挙げましょう。高校時代に習っていた英語の先生に、授業中「鬼頭、command ってどういう意味？」と質問されたときのことです。当時、持っていた単語帳に書いてあった訳を「丸暗記」していた私は、「『命令する』です！」と自信満々に答えたのですが、「そう、じゃあこの意味は？　He commands English」とさらに聞かれて、「……（汗）」となったことを今でも覚えています。

「command」には本来、「あやつる」という意味があり、それが色々な文脈で使われる中で、「命令する」「率いる」「支配する」などと訳されます。たいていの単語帳には、代表的な訳を抜粋して「命令する」と書いてありますが、それは本来の意味ではないので、応用が利きません。でも、「あやつる」という言葉そのものではなく、「人や物が特定の対象物をうまく扱っている様子」という**イメージで理解**していれば、状況が違ってきます。

「何となく」わかることこそが重要！

これと同様に、たとえば「on」という単語も「～の上に」とだけ理解していると、「It's on me」のような文脈で訳せなくなってしまうので、本来の意味である「何かに付着している」という「イメージ」を持っておくことで、その場その場で訳を考えることができるようになるわけです。

英語はこの「本来の意味のイメージ化」により、そもそも忘れにくくなりますし、仮にこれまでの訳と違う用法で使われていても、「何となく」こんな意味かな、という当たりがつけられるようになってきます。

この「何となく」**当たりがつけられる、という感覚が試験では非常に重要**で、「何となく」ポジティブな意味っぽいな、とわかる感覚が身に付くと試験で選択肢を絞れたり、よどみなく文章を読み進められたりしますので、結果的に点数に結びつくのです。

英語の例を出しましたが、その他の試験でも応用できる方法なのでぜひ使ってみてください。

■第六条

息抜きはムダではないが、ポリシーを持て

息抜きはモチベーションを下げる

勉強を頑張るためには息抜きも必要――。そんなふうに考えている人も多いのではないでしょうか。私の経験上、そう思う人は「息抜きしすぎ」な場合がほとんどです。「うまく息を抜く」のと「息抜きしすぎ」は全然違うのでご注意ください。「息抜きしすぎ」は**勉強時間が確保できない**ことはもとより、モチベーションまで下げてしまうのです。

息抜きについて考える際、注意する点はまさにここ。「息抜きにより勉強のペース・モチベーションが乱されないか」ということです。うまく息抜きをするためのポイントは以下の2つです。

①息抜きポリシーの確立
②「ちょい残し」で勉強する

順を追って解説していきましょう。

勉強の「息抜き」＝水泳の「息継ぎ」

勉強の「息抜き」は水泳の「息継ぎ」と同じです。水泳の「息継ぎ」、あれは何のためにされるものでしょうか。そう、長く泳ぎ続けるためです。25メートルなどの短い距離であれば息継ぎをせず泳ぎ切ることも可能でしょうし、そのほうが早くゴールに辿り着けます。ですが、100メートルになれば「息継ぎ」は必須。かつ、**どこで息継ぎをするのかがポイント**になってくるわけです。

勉強でも、来月に迫った試験を目指す短期決戦であれば、「息抜き」などしている余裕はありません。一気に駆け抜けるべきです。一方で1年先の試験であれば、「息抜き」は必須。最初からフルスロットルだとあっという間に息切れします。試験までに残された期間によって、息抜きの仕方も変わってくるわけです。まずは自分の状況に応じて「そもそも息抜きが必要な状況なのか？」ということを考えてみてください。

息抜きが必要な状況にあるとしたら、次はいつ息抜き＝息継ぎするか、という話です。いちばんよくないのは、「昨日頑張ったから今日はいいや」とか「今日は疲れてるからいいや」といった場当たり的なスタンス。

社会人の場合、だいたい毎日何かしらを頑張っているし、疲れているもの。すると、**ずるずる勉強しないパターン**に陥ります。「耳が痛い」と思いませんでしたか？　この場当たり的なスタンスが、「息抜きしすぎ」という状況を生むのです。

大切なのは、明確な「息抜きポリシー」を決めることです。それは「疲れたら休む」とか「頑張ったら休む」のような定性的で人の評価が入り込むものではダメです。客観的、定量的に定めるものでないといけません。

たとえば私の場合、大学受験、司法試験を通じて、「日曜の17時以降は勉強しない」という明確なルールを決めていました。日曜は、17時ごろ図書館やら自習室やらでの勉強を切り上げて、帰ってきて一息つく。

その後、座布団戦争の「笑点」、国民的人気アニメ「ちびまる子ちゃん」「サザエさん」を見る。食事を摂り、走ったりジムで筋トレをしたりする。最後は風呂に入り、夜はひたすらテレビを見る。もっぱら、そんな過ごし方です。

単なる一例なので、お酒が好きな人はお酒を飲めばいいし、読書が好きな人は本を読めばいいのですが、肝心なのは「いつ勉強しないか」の息抜きポリシーを明確に決めておくこと。息抜きのタイミングが明確になっていることで、**その時間まで必死に勉強する**ことができるという効果も見込めるわけです。

そして、息抜き前の勉強にはちょいとコツがあります。それは、「ちょい残し」の鉄則です。

「ちょい残し」。大学のサークルなら、追加の一気飲みコールがかかりそうな場面。家の食事なら、「遠慮のかたまり」と言われ「誰かとれよ」という空気になる場面。が、勉強においては違うのです。もったいないからと平らげてはいけません。

どういうことかというと、「あと少しでキリがいいのに」というところで勉強を終わらせると、次に勉強をするときに「どこから始めようかな」と考えずに済むし、前の勉強で消化不良感を残しているので、**勉強が再開しやすくなる**のです。

勉強の「ちょい残し」をしておくと、「あ、あの単元、中途半端だったから、まずあそこを終わらせよう」となって、勉強が再開しやすいのです。

息抜きにはたまに「ボーナスの日」も必要

なんでこんなことをするのかというと、休み明けの仕事と同様、息抜き明けの勉強も腰が重くなりがちだからです。キリのいいところまで終わらせて新たな範囲から勉強を開始しようとすると、なかなか入り込めず自然と手がスマホに……という悲しい事態が避けられません。

実際私も、問題演習であれば、やるべき単元の10問中8問だけ終わらせる、というところで勉強をやめ、息抜き明けの勉強につなげていました。そうすると、不思議なことに「あ、あと2問やらなきゃ」という気持ちになるのです。

ご飯の「ちょい残し」はダメですが、勉強の「ちょい残し」は持続にあたっての鉄則なのです。

というわけで、自分なりに明確な息抜きポリシーを作り、**休憩前の勉強を工夫する**ことで効率的に息抜きできる、ということをおわかりいただけたと思います。ちなみに私の息抜きポリシーには、「日曜の17時以降は勉強しない」というものに加え、「大きなイベントごとがあるときは18時以降勉強しない」というものもあります。

具体的にはゴールデンウィークや年末年始、そしてそう、クリスマス。こういう日に勉強をしていると周囲と自分のあまりの温度差に気持ちがやさぐれてしまうので、イベントごとがあるときくらいは休むのがお勧めです。

■第七条

試験に合格する人は過去問が9割

試験に合格するうえで私が最も大事だと考えているのは、過去問の活用です。具体的な方法は拙著『頭のよさとは「ヤマを張る技術」のことである』をお読みいただくとして、そこには書いていないことを交えて**過去問の活用方法**について、紹介します。活用方法を考える前に、まず、そもそも過去問とは何なのか、ということを理解しておく必要があります。

私は個人的にカラオケが好きで、目上の方、同僚、友達、後輩などさまざまな方と一緒に行く機会があります。そこで思うのは、人によって明らかに選ぶ歌に傾向があることです。特定の歌手の歌に偏る人もいれば、アップテンポ、バラードといった特定の類型・ジャンルの歌に偏る人もいます。

ときには「えっ、そんな歌も知っているの?」みたいなこともありますが、ほとんんどの場合は「ああ、この人好きそうだものね」という歌を選ぶことが多いわけです。そして、同じ人とカラオケに行くと、3回に1回くらいは同じ歌手の同じ歌を拝聴する機会に恵まれます。これがいわゆる「十八番（オハコ）」ですね。

問題には出題者の十八番が現れる

まったく種類の異なる話なのですが、実は**試験の過去問も出題者の十八番**です。このことは大学受験でも当てはまるのですが、特に社会人が受ける資格試験で顕著に見られる傾向と言えます。

資格試験の場合、出題傾向は特定の分野に偏っていることが多いですし、毎年基本的に過去問と同じ形式で出題されます。

そして出題者の十八番を知ることで、出題範囲に濃淡がつき、問題を「立体化」して見ることができるようになります。平板な2次元の出題範囲について、過去問を分析することで凸凹がつき、重点的に勉強すべき「範囲」と、勉強すべき「程度」が浮き彫りになるのです。

出題範囲の中から「ここは重要！」という部分が浮き上がってきたら、以後は**その分野の過去問を集中的に解いていく**のがグッドです。さて、なぜこういうやり方がいいのでしょうか。

話は飛びますが、京都にある龍安寺というお寺をご存知でしょうか。そこには有名な石庭があり、15個の石が配置されているのですが、どの位置から見ても石は14個しか見えない、という謎があります（1カ所、部屋の中心部から15個全部見えるところがあるらしいのですが）。

これにはさまざまな解釈がありますが、客観的な真実は1つであるけれども、立ち位置によってそれぞれ見え方は異なる、ということを意味しているように、私は勝手に解釈しています（独断と偏見による解釈です。あしからず）。

そしてこの「勝手解釈」に基づくと、これは出題範囲と過去問の関係にもなぞらえることができます。

出題範囲というものは、過去問や受験生の勉強内容によって変わるものではないですが、そこに対する視点の置き場所次第で、さまざまな形に見えてくるわけです。同じ知識が形を変えて出題される、と言えばわかりやすいでしょうか。

ある分野の過去問を集中的に解くことで、客観的で変わらない出題範囲というものに対する「スポットライトの浴びせ方」をまとめて把握することができ、さまざまな角度から出題されたときに対応ができるようになるのです。

また、過去問は何度も何度も繰り返し解きましょう。トップアスリートだってランニングや筋トレ、素振りをひたすら繰り返して感覚を研ぎ澄ましていきます。次元の違う話と思うことなかれ、試験勉強も同じです。繰り返し、繰り返しやることで、問題に対する嗅覚が研ぎ澄まされ、**知識が試験に最適化されていく**のです。

「お残し」せずに過去問に集中せよ

また、私が自分自身で資格試験ビジネスを運営し、さまざまな受験生に話を聞く中で思うのは、「みんないろんなものに手を出しすぎ」ということです。

試験勉強とはバイキングのようなものです。何を食べても（勉強しても）自由、ただし時間制限（試験までの時間）とお腹の容量による制限（自分が割ける勉強時間）

があるのです。あれもこれもと盛り込みすぎて、最後に消化し切れずに「お残し」してゲームオーバー……というのは、バイキングでも試験勉強でもよくあるパターンですよね。

バイキングなら「お腹一杯で苦しい」で済みますが、試験勉強だったら、また来年、となって違う意味の「苦しさ」を味わわないといけません。そうした制限の中でやるべきは、自分が「これ」と思ったものだけを**ひたすら繰り返す**ことなのです。「これ」が的外れなのは論外ですが、過去問を繰り返しておけばそうそう間違いはありません。

私は中学入試でも大学入試でも司法試験でも、過去問に多くの時間を割き、繰り返していました。試験を受ける直前には、問題文を見れば最初の1行で、いつの試験の第何問かがすぐにわかるレベルまで持っていっていました。過去問の百人一首大会があれば相当上位に食い込める自信があります。

〈著者プロフィール〉
鬼頭政人（きとう・まさと）
1981年生まれ。開成中学、開成高校を経て、現役で東京大学文科Ⅰ類（法学部）に合格。卒業後は、慶應義塾大学法科大学院に進学し、在学中に司法試験に一発合格。司法修習を経て都内法律事務所に弁護士として勤務。ベンチャー企業を支援したいとの思いから投資ファンドに勤務した後、2013年12月、資格試験対策をオンラインで提供する「資格スクエア」を創業。

本書の内容の一部は、東洋経済オンライン「試験バカを終わらせる大人の勉強指導室」に加筆・再構成したものです。

開成→東大文Ⅰ→弁護士が教える超独学術
結局、ひとりで勉強する人が合格する

2016年8月25日　第1刷発行

著　者　鬼頭政人
発行人　見城 徹
編集人　福島広司

GENTOSHA

発行所　株式会社 幻冬舎
〒151-0051　東京都渋谷区千駄ヶ谷4-9-7
電話　03(5411)6211(編集)
03(5411)6222(営業)
振替　00120-8-767643
印刷・製本所　図書印刷株式会社

検印廃止

Printed in Japan
ISBN978-4-344-02986-6　C0095
幻冬舎ホームページアドレス　http://www.gentosha.co.jp/

この本に関するご意見・ご感想をメールでお寄せいただく場合は、
comment@gentosha.co.jpまで。